天津市互联网金融协会
TIANJIN INTERNET FINANCE ASSOCIATION

TIANJIN
Internet Finance Industry Report

天津市互联网金融发展报告

2019

天津市互联网金融协会 ◎ 编著

中国金融出版社

责任编辑：亓　霞
责任校对：孙　蕊
责任印制：张也男

图书在版编目（CIP）数据

天津市互联网金融发展报告2019/天津市互联网金融协会主编. —北京：中国金融出版社，2019.11

ISBN 978-7-5220-0303-0

Ⅰ.①天… Ⅱ.①天… Ⅲ.①互联网络—应用—金融—研究报告—天津—2019 Ⅳ.①F832.29

中国版本图书馆CIP数据核字（2019）第237621号

天津市互联网金融发展报告2019
Tianjinshi Hulianwang Jinrong Fazhan Baogao 2019

出版
发行　中国金融出版社

社址　北京市丰台区益泽路2号
市场开发部　（010）63266347，63805472，63439533（传真）
网 上 书 店　http://www.chinafph.com
（010）63286832，63365686（传真）
读者服务部　（010）66070833，62568380
邮编　100071
经销　新华书店
印刷　北京侨友印刷有限公司
尺寸　169毫米 × 239毫米
印张　15.5
字数　195千
版次　2019年11月第1版
印次　2019年11月第1次印刷
定价　60.00元
ISBN 978-7-5220-0303-0

本书编委会

主任委员：李文茂

副主任委员（以姓氏笔画为序）：

马　英　王　宇　王永勤　李文英
李书海　赵武霞　郭　巍　高　勒
符宏明

委　　员（以姓氏笔画为序）：

王　兰　王　佳　王江峰　牛　跃
冯　欣　刘宏涛　肖琳璐　张　怡
张少琛　周少伟　柳　勇　贾　湉
崔英剑　焦　鸿

统　　稿：崔英剑　肖琳璐

序言

互联网金融是金融与科技深度融合的创新性金融业态。近年来，随着云计算、大数据、区块链、人工智能、量子通讯等新兴技术的逐步成熟，互联网金融也迎来了发展的黄金时期，其在深化金融改革、推动金融创新、弥补传统金融短板、提升金融服务质效、构建多层次金融体系方面发挥了巨大作用。

天津是我国北方首个自由贸易试验区，是京津冀协同发展金融创新运营示范区，也是全国为数不多的金融全牌照城市之一，良好的政策环境和基础设施为互联网金融发展提供了广阔的空间。天津市互联网金融行业虽然起步较晚、规模不大，但近年来发展势头非常迅猛，已经具备了较为完备的业务门类，在合规运营和服务民生方面也积极履行着自身的社会责任。

真正意义上的互联网金融从产生至今不过十余年的时间，其间各细分业态的组织形式、运营模式等都在不断发展变化，目前尚无一套规范、完整、准确的全业态统计标准。互联网金融数据散见于各金融监管部门和第三方机构发布的相关报告之中，部分业态发展情况只能以典型调查和抽样调查数据为准。

天津市互联网金融协会自2016年12月29日成立以来，一直在为行业数据信息的统计采集工作作出努力。2018年初，协会在金融监管部门的支持下组织成立了《天津市互联网金融发展报告》编委会，着手启动《天津市互联网金融发展报告》的编制工作，该报告将以年度报告形式呈现给各位读者。

《天津市互联网金融发展报告》汇集了天津市各金融监管机构及众多互联网金融从业机构的相关统计数据，系统分析了各年度天津市互联网金融行业的发展概况、存在的问题及未来发展趋势，并整理汇编了从业机构在推进普惠金融发展、开展金融服务创新方面的典型做法，具有较强的纪实性、区域性和专业性，可为政府、监管部门、从业机构、专业人士研究和了解天津市互联网金融提供较为有价值的参考信息。

本报告的编制得到了天津市金融工作局、人民银行天津分行、天津银保监局、天津证监局及各会员单位的大力支持，在此，我谨代表天津市互联网金融协会向为本报告提供帮助的各位领导、专家表示感谢！

此外，由于编者水平有限，编排中难免会有疏漏，期望广大读者给予批评指正。

天津市互联网金融协会会长

2019年6月

目 录

第一部分

天津市互联网金融发展情况及展望

第一章
天津市互联网金融发展概况

- 概念解读
- 天津市互联网金融发展环境
- 天津市互联网金融总体发展情况
- 天津市互联网金融的发展趋势与展望

第一节　概念解读

一、互联网金融的概念

2015年7月，中国人民银行、工业和信息化部、公安部、财政部、国家工商总局、国务院法制办、中国银监会、中国证监会、中国保监会、国家互联网信息办公室联合印发的《关于促进互联网金融健康发展的指导意见》（银发〔2015〕221号，以下简称《指导意见》），首次明确了互联网金融的概念。

《指导意见》指出，互联网金融是传统金融机构与互联网企业利用互联网技术和信息通信技术实现资金融通、支付、投资和信息中介服务的新型金融业务模式。

二、互联网金融的主要业态

按照《指导意见》的表述，互联网金融主要包括互联网支付、网络借贷、互联网直销银行、互联网证券、互联网基金销售、股权众筹融资、互联网保险、互联网信托和互联网消费金融等业态。

（一）互联网支付

银行及持有支付业务许可证的非银行支付机构提供的通过计算机、手机等设备，依托互联网发起支付指令、转移货币资金的服务。互联网支付业务由中国人民银行负责监管。

（二）网络借贷

网络借贷包括个体网络借贷（P2P网络借贷）和网络小额贷款。个体网络借贷是指个体和个体之间通过互联网平台实现的直接借贷，平台主要为借贷双方的直接借贷提供信息服务，不代替客户承诺保本保息，不发放贷款。网络小额贷款是指互联网企业通过其控制的小额贷款公司，利用互联网向客户提供的小额贷款。网络借贷业务由中国银保监会负责监管。

（三）互联网直销银行

互联网直销银行是指持有金融许可证的商业银行内部设立的，由民营企业发起设立的，或者独立法人形式的，通过互联网渠道提供银行产品和服务的新型银行运作模式。互联网直销银行业务由中国银保监会负责监管。

（四）互联网证券

互联网证券是指持有经营证券业务许可证的机构通过互联网平台开展的证券经纪、证券投资咨询等业务。互联网证券业务由中国证监会负责监管。

（五）互联网基金销售

互联网基金销售是指持有基金销售业务资格证书的基金销售机构与其他机构通过互联网合作销售基金等理财产品。互联网基金销售业务由中国证监会负责监管。

（六）股权众筹融资

股权众筹融资主要是指通过互联网形式进行公开小额股权融资的活动，具体而言，是指创新创业者或小微企业通过股权众筹融资中介机构互联网平台公开募集股本的活动。未经国务院证券监督管理机构批准，任何单位和个人不得开展股权众筹融资活动。目前，股权融资试点尚未启动。一些市场机构开展的冠以“股权众筹”名义的活动，是通过互联网形式进行的非公开股权融资或私募股权投资基金募集行为，不属于本定义中的股权众筹融资范围。股权众筹融资业务由中国证监会负责监管。

（七）互联网保险

互联网保险是指经保险监督管理机构批准设立，并依法登记注册的保险公司和保险专业中介机构依托互联网和移动通信技术，通过自营网络平台、第三方网络平台等订立保险合同、提供保险服务的业务。互联网保险业务由中国银保监会负责监管。

（八）互联网信托

互联网信托是指持有金融许可证的信托公司通过互联网平台开展的信用委托业务。互联网信托业务由中国银保监会负责监管。

（九）互联网消费金融

互联网消费金融是指商业银行、持有金融许可证的消费金融公司等机构以互联网技术为手段，向各阶层消费者提供的消费金融服务。互联网消费金融业务由中国银保监会负责监管。

（十）其他互联网金融业态

其他利用互联网和信息通信技术提供金融服务的业务模式。

三、互联网金融的发展历程

（一）萌芽阶段（1997—2006年）

该阶段以网上银行、网上证券的诞生为主要标志。在这一阶段，互联网主要被视为金融机构提供金融服务的技术手段，还没有形成真正的互联网金融业态。

（二）起步阶段（2007—2011年）

该阶段以第三方支付的快速发展及P2P网络借贷、互联网股权众筹平台、网络小贷、互联网基金销售的出现为主要标志。这一阶段，互联网金融开始作为独立的业态出现，但总体发展速度不快。

（三）快速成长阶段（2012—2014年）

该阶段以传统金融机构和互联网企业加速布局互联网金融为主要标志。在这一阶段，互联网金融从业机构数量、业务总量、客户规模实现爆发式增长，不同业态的分化特征日益明显。

（四）规范阶段（2015年至今）

该阶段以人民银行等十部委联合印发的《指导意见》及国务院办公厅发布的《关于印发互联网金融风险专项整治工作实施方案的通知》（国办发〔2016〕21号）为主要标志。在这一阶段，互联网金融监管格局逐步确立，互联网金融发展逐步纳入规范化轨道。

中国互联网金融大事记见表1-1。

表1-1　中国互联网金融大事记

时间	事件
1997年	招商银行率先推出网上银行
2004年	全球最大的第三方支付平台支付宝成立
2007年	中国第一家P2P网贷平台上线运营
2010年	浙江阿里巴巴小额贷款有限公司成立，网络小贷的形式开始出现
2011年	股权众筹模式进入中国
	首批第三方支付牌照发放
2012年	首批独立基金销售机构获得第三方基金销售牌照
2013年	北京银行首推直销银行
	国内正式诞生第一例股权众筹案例
	全国首家互联网保险公司获批筹建
2015年	首批8家个人征信试点机构获准筹备运营
	人民银行等十部委联合印发《指导意见》
2016年	国务院办公厅发布《关于印发互联网金融风险专项整治工作实施方案的通知》，互联网风险专项整治工作正式启动
	中国互联网金融协会及地方互联网金融自律组织相继成立
2017年	非银行支付机构网络支付清算平台上线运行
2018年	首家拥有个人征信业务牌照的市场化个人征信机构成立

四、互联网金融相关行政许可

按照国家相关监管政策要求，我国需要审批和备案的金融业务资质有三十多种，包括银行、证券、保险、信托、金融租赁、期货、基金、基金子公司、基金销售、第三方支付、小额贷款、典当等，互联网金融机构应按照其从事的金融业务获取相应的行政许可（见表1–2）。

表1–2　互联网金融相关行政许可

业态	行政许可	审批机关	法律依据
互联网支付	支付业务许可证	中国人民银行	《非金融机构支付服务管理办法》
网络小贷	网络小额贷款牌照（目前暂停批设）	地方监管部门	《关于小额贷款公司试点的指导意见》及地方监管部门有关规定
P2P网络借贷	备案尚未开始	地方监管部门	《网络借贷信息中介机构备案登记管理指引》及地方监管部门有关规定
互联网直销银行	银行牌照（金融许可证）	中国银保监会	《中华人民共和国商业银行法》《中资商业银行行政许可事项实施办法》
互联网证券	经营证券业务许可证	中国证监会	《中华人民共和国证券法》《证券公司监督管理条例》
互联网基金销售	基金销售业务资格证书	中国证监会 地方派出机构	《证券投资资金销售管理办法》
互联网保险	经营保险业务许可证	中国银保监会	《中华人民共和国保险法》
互联网信托	信托牌照（金融许可证）	中国银保监会	《信托公司管理办法》《非银行金融机构行政许可事项实施办法》
互联网消费金融	消费金融牌照[①]（金融许可证）	中国银保监会	《消费金融公司试点管理办法》

① 仅适用于消费金融公司，不包括从事消费金融业务的商业银行、电商平台等。

第二节　天津市互联网金融发展环境

一、互联网金融监管规则不断完善

2018年是打好防范化解重大金融风险攻坚战的开局之年。年初以来，中央及地方各级金融监管部门坚持依法全面从严监管理念，逐步完善各项监管规则，不断强化监管执法工作，严厉打击各类违法违规行为，坚守不发生系统性金融风险的底线。据不完全统计，全年金融监管部门共出台的监管文件超过280个，作出行政处罚近4 000件。从互联网金融领域看，P2P、互联网资管等领域的违法治理不断深化，互联网基金销售、支付等领域的监管规则进一步完善。

2018年互联网金融领域的政策精神主要有：

2018年3月5日，国务院总理李克强在十三届全国人大一次会议上的政府工作报告中再次提及互联网金融风险，表示推动重大风险防范化解取得明显成效，这是互联网金融连续五年被写入政府工作报告。

2018年3月28日，互联网金融风险专项整治工作领导小组办公室（以下简称互联网金融整治办）发布《关于加大通过互联网开展资产管理业务整治力度及开展验收工作的通知》（整治办函〔2018〕29号），指出资产管理业务属于特许经营业务，非金融机构不得发行、销售资产管理产品，并对下一步整改验收工作进行了详细部署。

2018年4月27日，中国人民银行、中国银保监会、中国证监会、国家外汇管理局联合印发《关于规范金融机构资产管理业务的指导意见》（银发〔2018〕106号），统一了同类资管业务在投资范围、杠杆约束、信息披露等方面的监管要求。

2018年5月30日，中国人民银行、中国证监会联合印发《关于进一步规范货币市场基金互联网销售、赎回相关服务的指导意见》（证监会公告〔2018〕10号），对原有政策法规作出补充规定，进一步规范了货币市场基金互联网销售、赎回行为。

2018年6月29日，中国人民银行办公厅发布《关于支付机构客户备付金全部集中交存有关事宜的通知》（银办发〔2018〕114号），要求按月逐步提高支付机构客户备付金集中交存比例至100%，提出了对各类支付机构持有相关业务专用账户的有关要求。

2018年8月8日，互联网金融整治办下发《关于报送P2P平台借款人逃废债信息的通知》（整治办函〔2018〕99号），要求各地上报网络借贷风险事件恶意逃废债的借款人名单，并表示下一步将协调征信管理部门将逃废债信息纳入征信系统和“信用中国”数据库，对相关逃废债行为人形成制约。

2018年8月13日，P2P网络借贷风险专项整治工作领导小组办公室（以下简称P2P网贷整治办）下发《关于开展P2P网络借贷机构合规检查工作的通知》（网贷整治办函〔2018〕63号）并附有《网络借贷信息中介机构合规检查问题清单》，将网贷行业的合规整改工作分为机构自查、自律检查和行政核查三个阶段，由从业机构、互联网金融协会和金融监管部门分别负责执行。

2018年10月10日，中国人民银行、中国银保监会、中国证监会联合印发《互联网金融从业机构反洗钱和反恐怖融资管理办法（试行）》（银发〔2018〕230号），明确了人民银行的监管职责，规定了互联网金融从业机构的相关义务。

2018年12月19日，互联网金融整治办和P2P网贷整治办联合印发《关于做好网贷机构分类处置和风险防范工作的意见》（整治办函〔2018〕175号），对P2P网贷分类处置和风险防范工作进行详细部署，提出以机构退出为主要工作方向，加大网贷整治工作的力度和速度。

二、国民经济高质量发展为互联网金融发展带来机遇

（一）从全国情况看

2018年，我国经济运行稳中向好，经济社会发展主要预期目标完成情况良好，产业结构实现了进一步优化。

2018年，我国国内生产总值（GDP）完成900 309亿元，首次突破90万亿元大关，比上年增长6.6%（见图1–1）。分产业来看，第一产业完成增加值64 734亿元，比上年增长3.5%；第二产业增加值366 001亿元，比上年增长5.8%；第三产业增加值469 575亿元，比上年增长7.6%。第一产业增加值占GDP的比重为7.2%，第二产业增加值占GDP的比重为40.7%，第三产业增加值占GDP的比重为52.1%（见图1–2）。

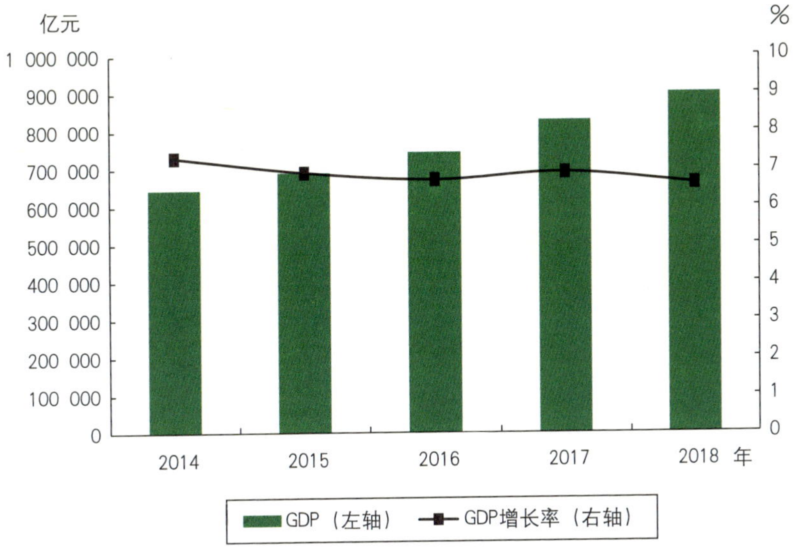

数据来源：国家统计局。

图1–1　2014—2018年中国经济增长情况

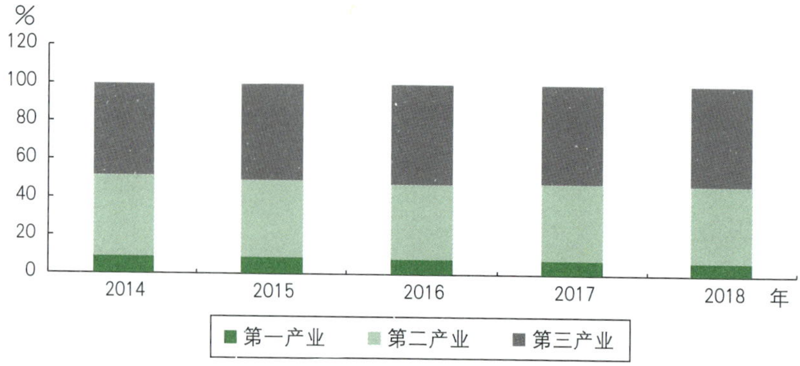

数据来源：国家统计局。

图1-2　2014—2018年三次产业增加值占GDP的比重

2018年，在防范化解风险的主基调下，我国金融业依然维持了平稳增长态势，共实现增加值69 100亿元，同比增长4.4%，增速处于近年来低位，金融业增加值占GDP的比重为7.7%，同比下降0.3个百分点（见图1-3）。

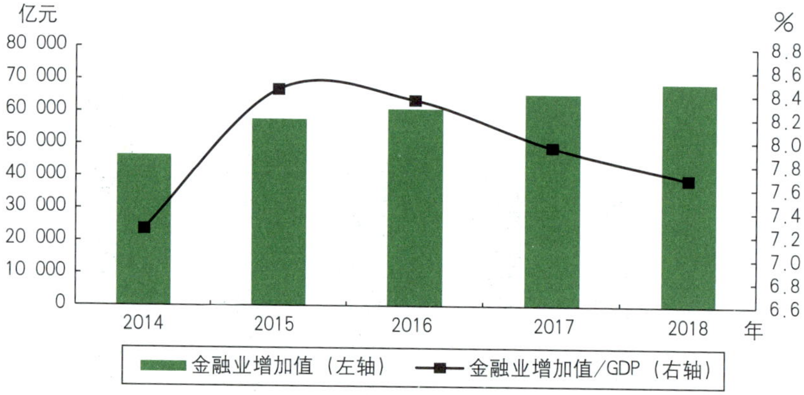

数据来源：国家统计局。

图1-3　2014—2018年中国金融业增长情况

2018年，中国人民银行继续实施稳健中性的货币政策，较好把握了支持实体经济和兼顾内外部均衡之间的平衡。银行体系流动性合理充裕，年末金融机构超额准备金率为2.4%，同比增长0.3个百分点（见图1-4）；贷款同比大幅多增，年末金融机构本外币贷款余额为141.8万亿元，同比增长12.9%，比年初增加16.2万亿元，同比多增2.6万亿元（见图1-5）；广义货币供应量（M_2）与名义GDP增速基本匹配，年末M_2余额182.7万亿元，同比增长8.1%，增速与上年基本持平（见图1-6）；社会融资规模适度增长，年末社会融资规模存量为200.7万亿元，同比增长9.8%，全年增量为19.3万亿元，比上年少增3.1万亿元（见图1-7），主要是表外融资大幅下降所致。

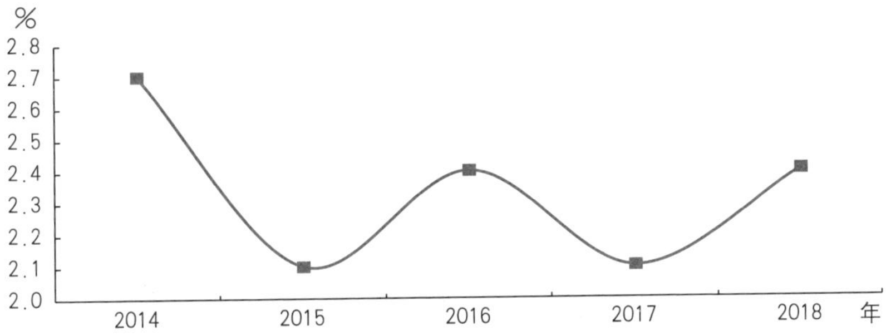

数据来源：中国人民银行。

图1-4 2014—2018年金融机构超额准备金率变化情况

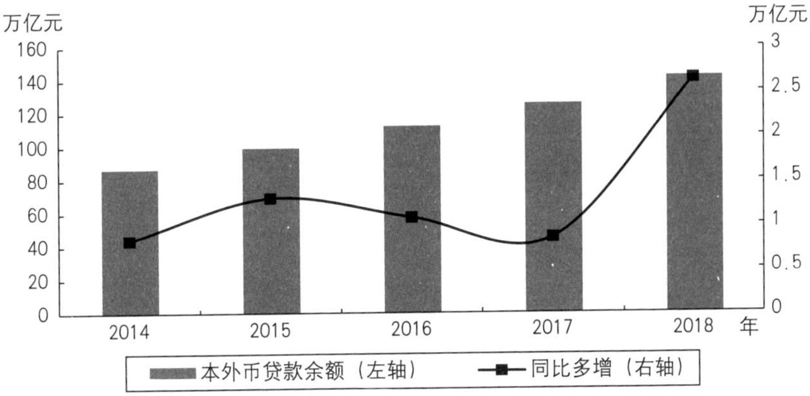

数据来源：中国人民银行。

图1-5 2014—2018年金融机构本外币贷款余额变化情况

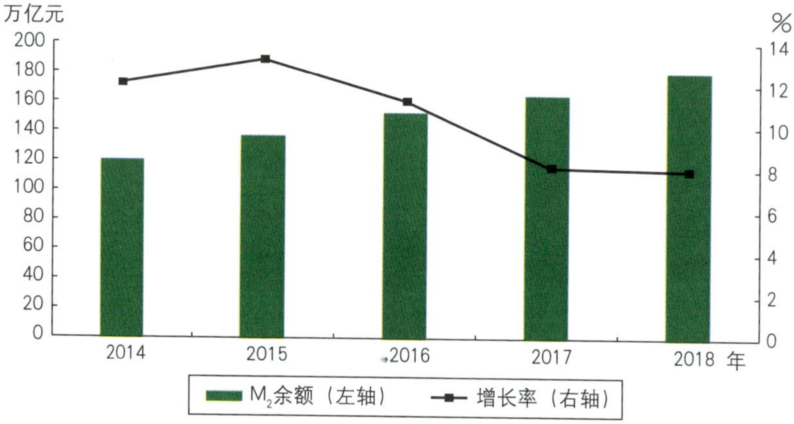

数据来源：中国人民银行。

图1-6 2014—2018年广义货币供应量变化情况

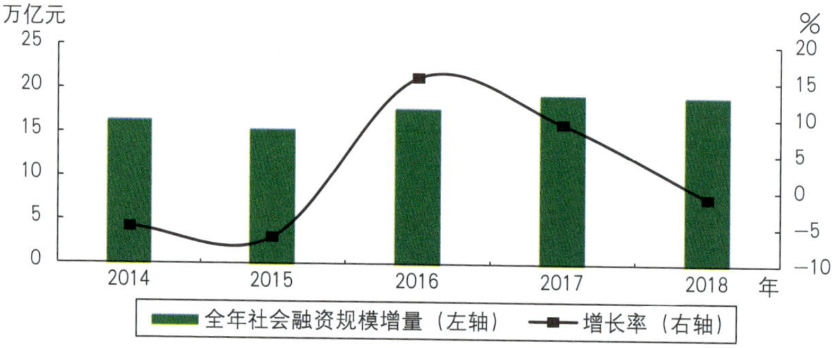

数据来源：中国人民银行。

图1-7 2014—2018年社会融资规模增量变化情况

2018年，全国居民可支配收入和消费支出继续增加，全国居民人均可支配收入28 228元，比上年增长8.7%，扣除价格因素，实际增长6.5%（见图1-8）；全国居民人均消费支出19 853元，比上年增长8.4%，扣除价格因素，实际增长6.2%（见图1-9）。城乡可支配收入和消费支出不平衡状况得到一定改善，城镇居民人均可支配收入和人均消费支出分别为39 251元和26 112元，比上年分别增长7.8%和6.8%；农村居民人均可支配收入和人均消费支出分别为14 617元和

12 124元，比上年分别增长8.8%和10.7%。此外，消费进一步升级提质，全国居民恩格尔系数为28.4%，比上年下降0.9个百分点（见图1-10）。

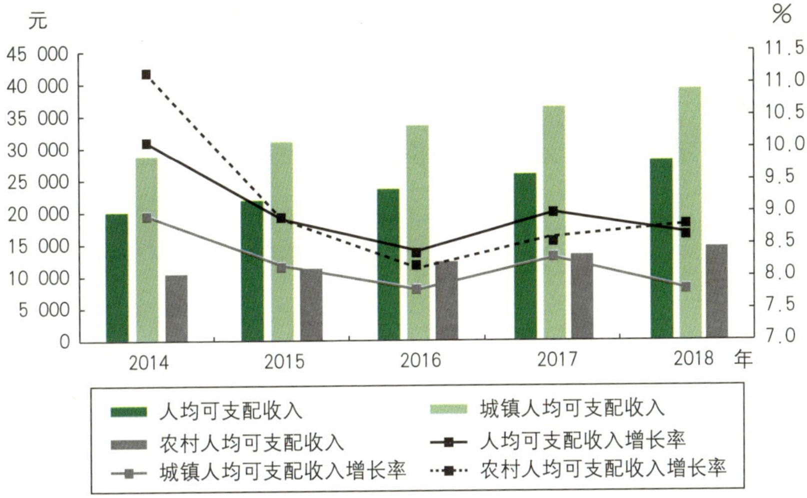

数据来源：国家统计局。

图1-8　2014—2018年人均可支配收入变化情况

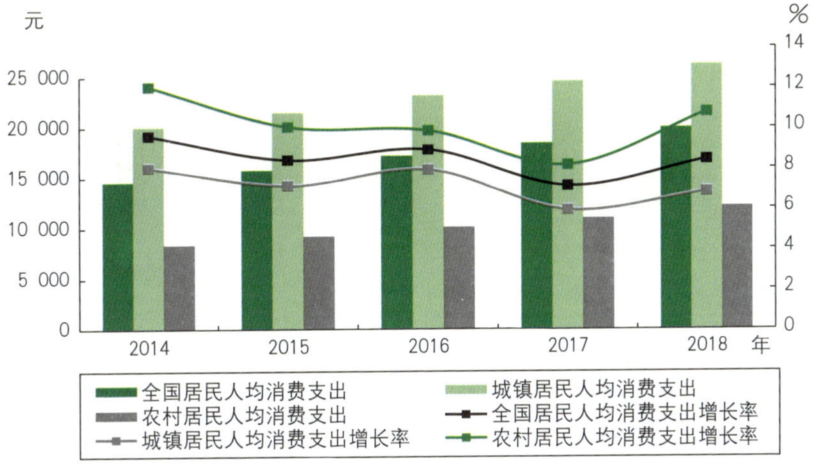

数据来源：国家统计局。

图1-9　2014—2018年消费变化情况

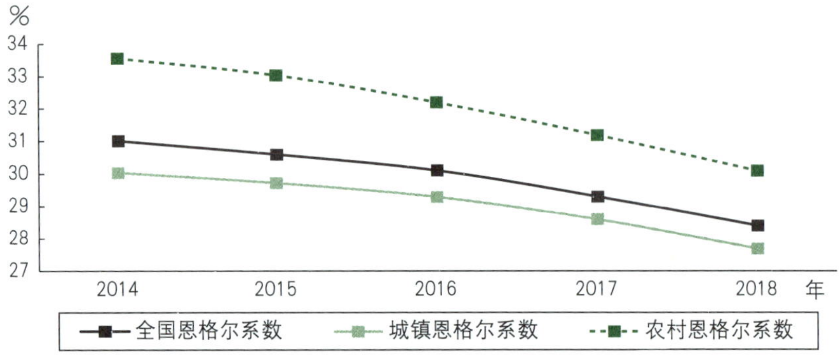

数据来源：国家统计局。

图1-10　2014—2018年恩格尔系数变化情况

（二）从天津市情况看

2018年，天津市完成生产总值18 809.7亿元，在全国338个主要城市中排在第6位，生产总值同比增长3.6%，低于全国增长率平均水平（见图1-11）。

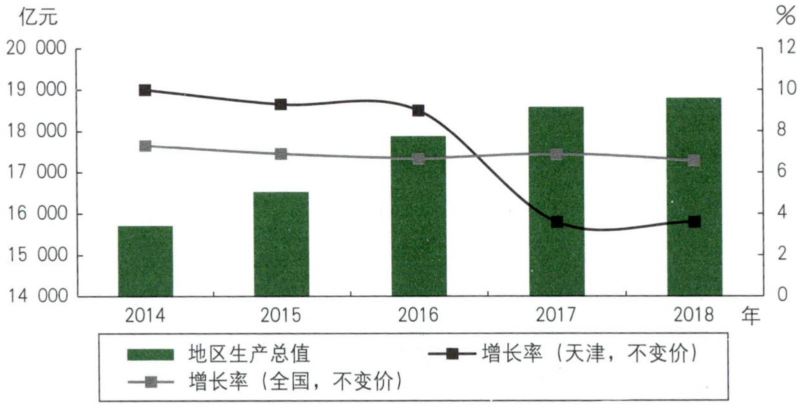

数据来源：天津市统计局。

图1-11　2014—2018年天津市经济增长情况

2018年，天津市金融业增加值1 966.9亿元，同比增长7.2%，金融业增加值占GDP的比重为10.5%，与上年基本持平（见图1-12）。

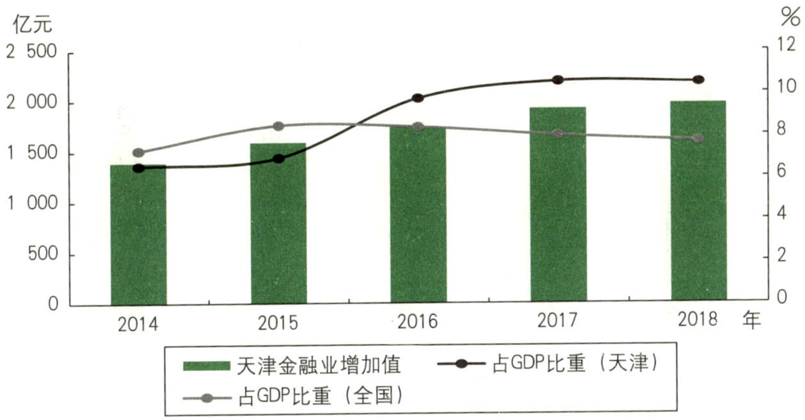

数据来源：天津市统计局。

图1-12　2014—2018年天津市金融业增长情况

2018年，全市居民人均可支配收入和人均消费支出分别为39 506元和29 903元，均高于全国平均水平（见图1-13、图1-14）。全年教育文化娱乐、交通通信、医疗保健支出分别同比增长18.4%、14.3%和12.0%，消费结构不断优化升级。

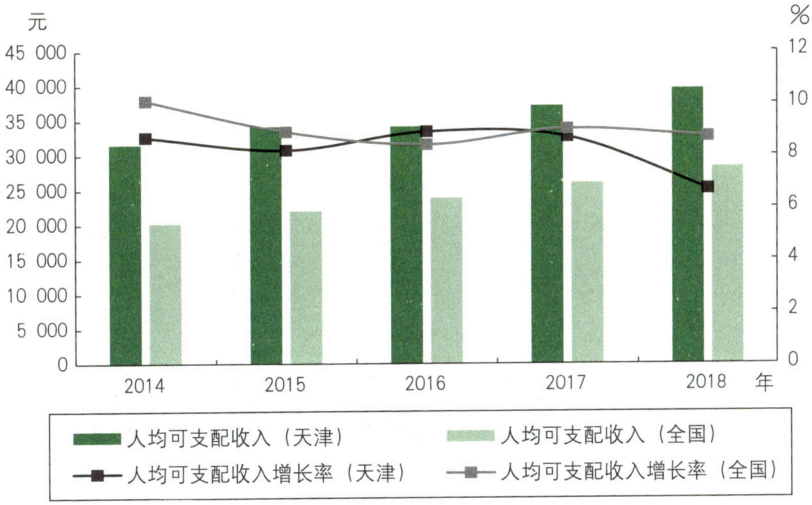

数据来源：天津市统计局。

图1-13　2014—2018年天津市人均可支配收入增长情况

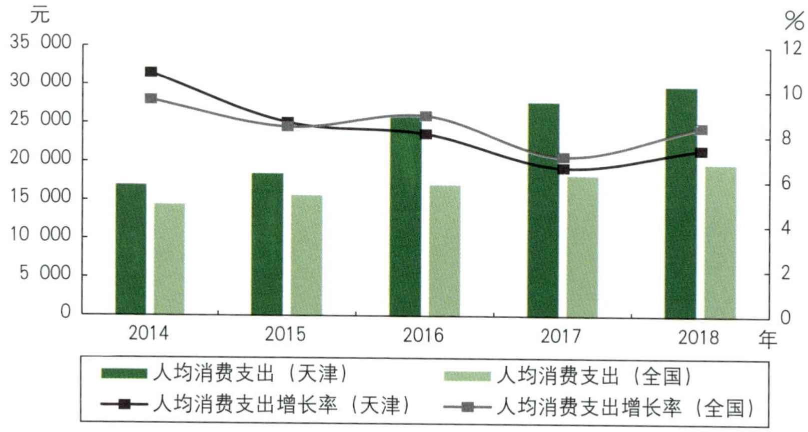

数据来源：天津市统计局。

图1-14　2014—2018年天津市人均消费支出增长情况

三、互联网发展与普及为互联网金融发展奠定坚实基础

2018年，我国互联网资源保有量稳步提升。2018年末，我国IPv4地址数量为33 892万个，与上年末基本持平（见图1-15）；IPv6地址数量为41 079块/32，同比增长75.3%（见图1-16）；域名数量为3 792.8万个，与上年末基本持平。

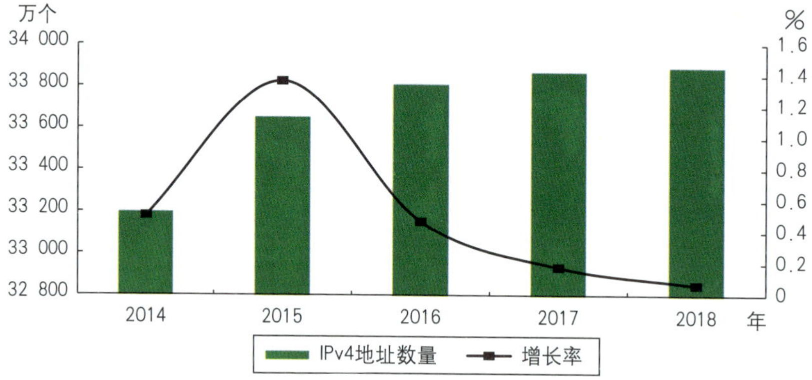

数据来源：中国互联网络信息中心。

图1-15　2014—2018年IPv4地址数量变化情况

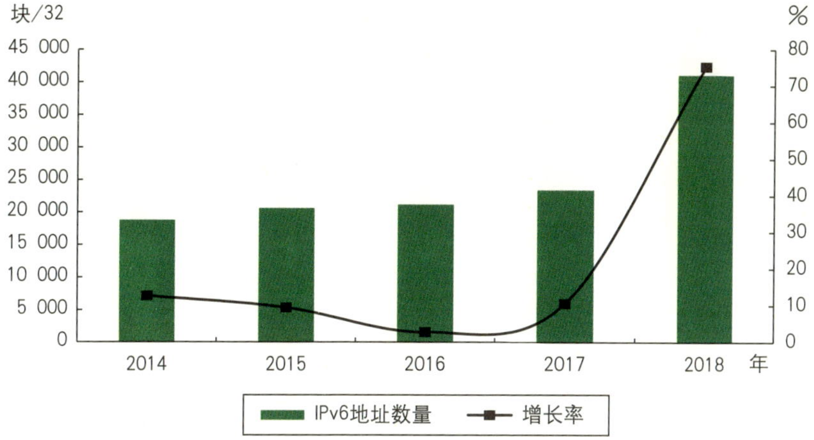

数据来源：中国互联网络信息中心。

图1-16　2014—2018年IPv6地址数量变化情况

2018年，我国网民规模持续增长，互联网得到进一步普及。2018年末，我国网民规模为8.3亿人，互联网普及率达到59.6%，较上年末增加3.8个百分点；手机网民规模为8.2亿人，网民通过手机接入互联网的比例高达98.6%（见图1-17）。

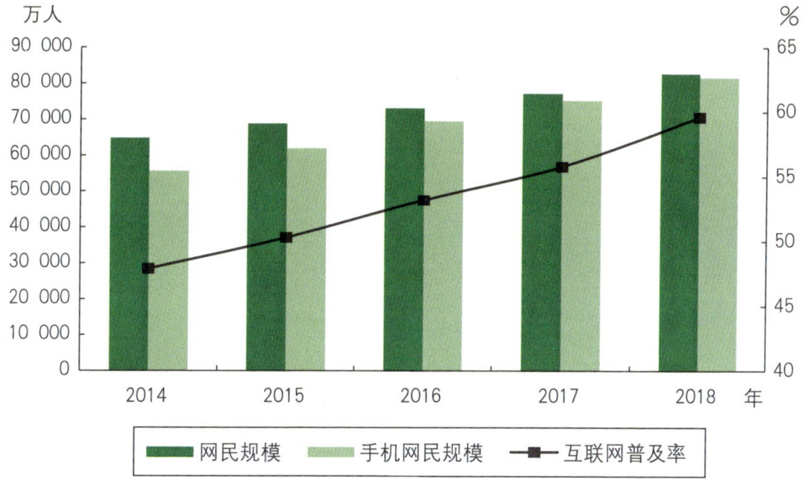

数据来源：中国互联网络信息中心。

图1-17　2014—2018年互联网普及情况

2018年，我国网络覆盖范围继续扩大，光纤接入进一步普及。“网络覆盖工程”加速实施，2018年末全国行政村通宽带比例超过96%，贫困村通宽带比例超过94%，已实现“宽带网络覆盖90%以上贫困村”的发展目标①。2018年末，光纤接入（FTTH/0）用户达3.7亿户，占互联网宽带接入用户总数的90.4%，比上年末增加5.9个百分点（见图1-18）。

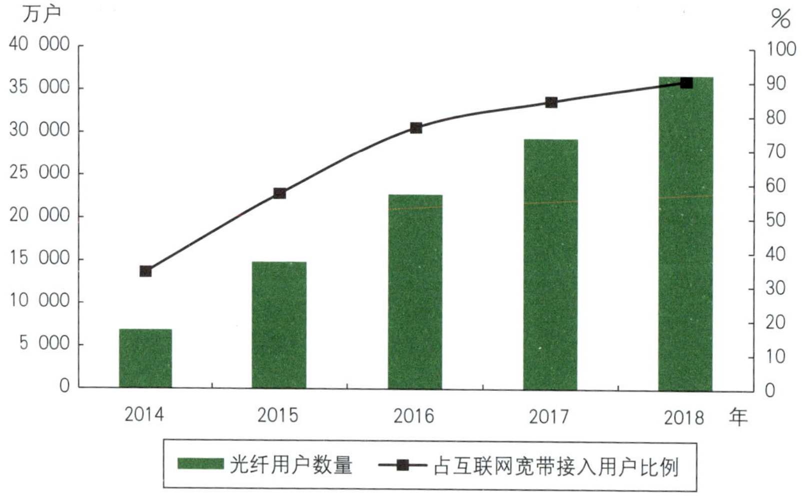

数据来源：中国互联网络信息中心。

图1-18 2014—2018年光纤宽带普及情况

2018年，我国“提速降费”工作取得实质性进展。2018年末固定宽带用户平均可用下载速率为28.06Mbps，同比增长47.6%；移动宽带用户通过4G网络访问互联网时的平均下载速率为22.05Mbps，同比增长21.3%（见图1-19）。2018年，移动互联网跨省“漫游”机制被取消，运营商移动流量平均单价降幅超过55%。

① 数据来自工业和信息化部印发的《关于推进网络扶贫的实施方案（2018—2020年）》。

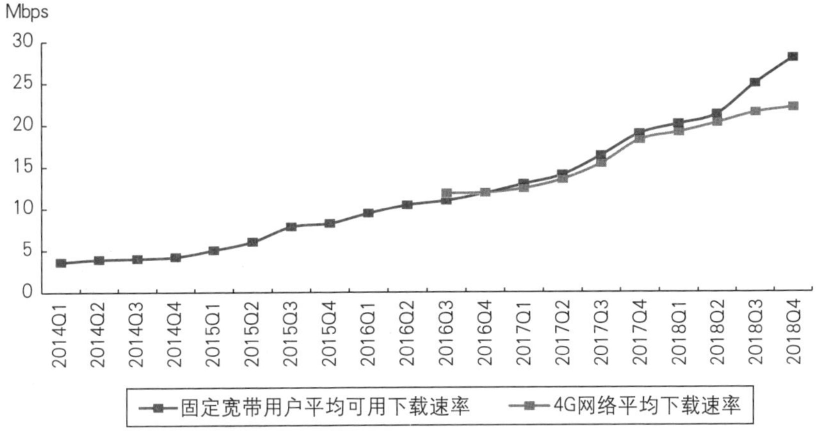

数据来源：中国互联网络信息中心。

图1-19　2014—2018年网络下载速率变化情况

四、社会信用体系建设助推互联网金融健康发展

（一）联合奖惩机制逐步健全

2017年，国家发展改革委、中国人民银行联合发布了《关于加强和规范守信联合激励和失信联合惩戒对象名单管理工作的指导意见》，提出要建立健全红黑名单管理与应用制度，构建守信联合激励和失信联合惩戒大格局，有力有序、规范透明地推进联合奖惩，全面提升我国社会诚信水平，推进国家治理体系和治理能力现代化。2018年3月12日，国家发展改革委办公厅发布了《关于做好〈关于加强和规范守信联合激励和失信联合惩戒对象名单管理工作的指导意见〉贯彻落实工作的通知》，要求做好联合奖惩备忘录签署、红黑名单认定和发布、重点领域突出失信问题专项治理、信用奖惩案例归集、失信主体信用修复等工作，推动联合奖惩措施落实落地。

2018年，各部门加快推进联合奖惩合作备忘录的签署。截至2018年末，国家层面签署的联合奖惩合作备忘录共45个。其中，联合惩戒备忘录37个，联合激励备忘录5个，既包括联合激励又包括联合惩戒的备忘录3个（见图1–20）。

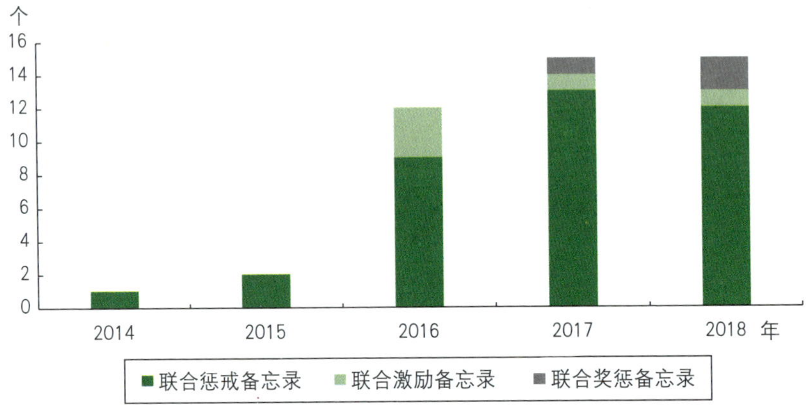

数据来源：信用中国。

图1–20 2014—2018年联合奖惩备忘录签署情况

2018年，相关部门向全国信用信息共享平台推送失信黑名单信息新增406.1万条（见图1–21），月均新增信息涉及失信主体29.8万个（见图1–22），月均退出黑名单主体16.4万个（见图1–23）。红黑名单管理让失信者寸步难行，日益发挥出其约束和惩戒作用。

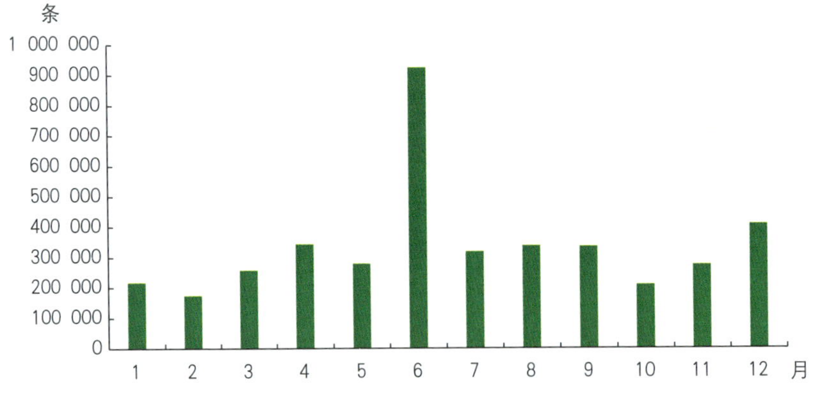

数据来源：信用中国。

图1–21 2018年失信黑名单信息新增情况

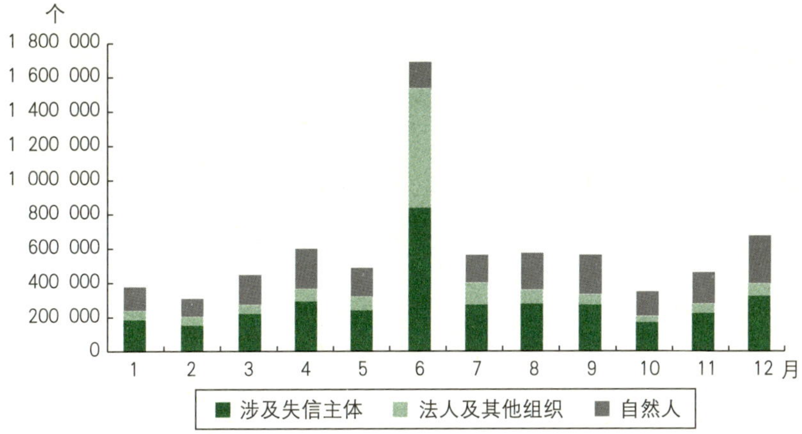

数据来源：信用中国。

图1-22　2018年失信黑名单信息新增信息涉及失信主体情况

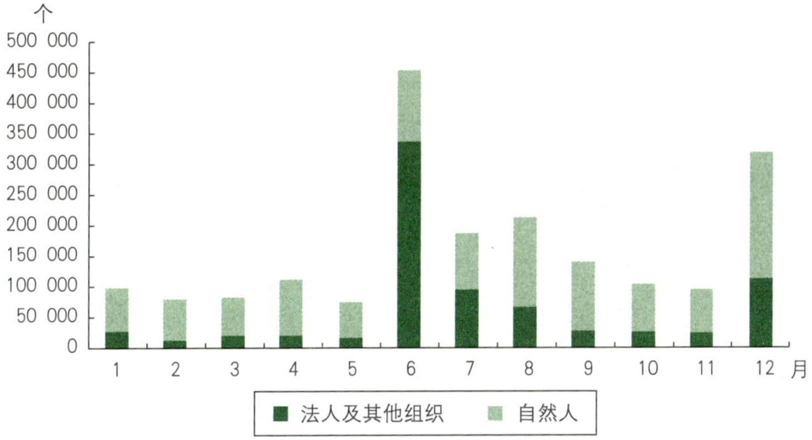

数据来源：信用中国。

图1-23　2018年退出黑名单主体情况

天津市高度重视社会信用体系建设及联合奖惩机制的建立。2018年6月19日，“天津市行政机关联合奖惩监管系统”正式启动，该系统通过信息化手段，实现全市各级行政机关互联互通、共同使用，形成跨行政机关的联合惩戒机制，是天津市社会信用体系建设的里程碑。

随着联合惩戒机制的不断健全，互联网金融领域的失信主体将面临更强有力的制约和惩戒，投资环境将得到进一步净化，行业发展将更加健康有序。

（二）征信业将迈入规范发展的全新阶段

经中共中央、国务院批准，国家发展改革委、商务部于2018年12月25日发布了《市场准入负面清单（2018年版）》，该清单主体包括“禁止准入类”和“许可准入类”两大类，其中禁止准入类第三项为“禁止违规开展金融相关经营活动”，要求非金融机构、不从事金融活动的企业，在注册名称和经营范围中不得使用“银行”“保险（保险公司、保险资产管理公司、保险集团公司、自保公司、相互保险组织）”“信托公司”“财务公司”“金融租赁”“汽车金融”“货币经纪”“消费金融”“融资担保”“典当”“征信”“交易所”等与金融相关的字样。在许可准入类（十）金融业中第76项要求未获得许可或资质条件，不得设立融资担保、典当、小额贷款公司、征信机构等相关金融服务机构。

对禁止准入事项，市场主体不得进入，行政机关不予审批、核准，不得办理有关手续；对许可准入事项，包括有关资格的要求和程序、技术标准和许可要求等，由市场主体提出申请，行政机关依法依规作出是否予以准入的决定。意味着征信机构纳入负面清单管理，属于市场准入类。

与此同时，相关部门对征信从业行为的监管力度持续加强，2018年以来，人民银行已注销了15家企业征信机构备案资格，总注销企业征信机构达22家。注销的原因主要有：依据《征信业管理条例》和《企业征信机构备案管理办法》等相关规定，连续六个月以上未实质性开展征信相关业务；违规开展业务，如倒卖数据等；违规变更主要出资人；征信机构失联；还有部分征信机构主动注销等。同时，相关部门针对征信领域一系列的数据乱象，如过度采集、非法采集、非法交易、数据滥用等，进一步加大了监管力度。

2018年5月2日，人民银行下发《关于进一步加强征信信息安全管理的通知》（银发〔2018〕102号），要求进一步加强对企业和个人征信系统运行机构和接入机构征信信息安全管理；严格授权查询机制，未经授权严禁查询征信报告，规范内部人员和国家机关查询办理流程，严禁未经授权认可的APP接入征信系统。

未来，人民银行将对企业和个人征信系统的接入机构实行考核、评级管理。依据考核计分情况，将接入机构评为A、B、C、D四个等级。根据102号文附件《金融信用信息基础数据库接入机构征信合规与信息安全年度考核评级管理办法》，若存在因征信违规案件导致多起投诉、诉讼，或者引发社会群体性事件；在新闻媒体、网络引发持续性重大负面舆情；瞒报、迟报、漏报重大风险事件或者违规事件；自评时存在重大隐瞒情形，报送存在虚假记载、误导性陈述或者重大遗漏的文件、资料等，评级将下调一级；若发生涉及征信信息犯罪的案件，相关机构或者人员被依法追究刑事责任；发生征信信息泄露、买卖征信信息等事件，相关人员被依法采取刑事强制措施；发生征信信息泄露、非法查询等违规案件等；未经批准擅自开展征信机构业务的，接入机构存在任一情形，考核评级结果直接定为0分。

（三）征信市场体系进一步完善

2018年3月19日，持有个人征信牌照的百行征信在深圳注册成立，形成对传统人民银行征信的补充。2018年6月，首批15家机构接入百行征信系统，实现信用信息共享。截至2019年4月中旬，已有包括经营小额贷款、融资租赁、融资担保、消费金融、P2P等业务在内的700家机构接入百行征信系统。百行征信将各类金融机构信用信息进行整合，在一定程度上打破了“信息孤岛”，有效解决多头借贷、恶意骗贷等问题，促进互联网金融行业健康发展。

企业征信备案重新放开，《互联网金融风险专项整治工作实施方案》颁布以来，只有为数不多的几家内资征信机构和两家外资征信机构获得了备案。2018年以来，企业征信备案再次开闸，有6家企业机构获得了企业征信备案公示。2018年9月27日，人民银行营业管理部发布公告，完成对益博睿征信（北京）有限公司的企业征信业务经营备案。继华夏邓白氏之后，益博睿成为第二家获得企业征信备案的外资征信机构，进一步表明中国对外资越来越开放征信行业，外资机构凭借其成熟运作经验、产品、服务、人才等优势，将会对中国征信市场带来冲击。

五、京津冀协同发展的加快推进为互联网金融带来更多契机

京津冀协同发展自2014年上升到国家战略层面以来，三地在疏解首都非核心功能、整合区域优势资源、推动生态环境治理、完善产业协同发展等方面的整体推进速度不断加快。近年来，天津市坚持稳中求进的工作总基调，紧紧围绕京津冀协同发展战略，先后推出了“天津八条”、“海河英才”行动计划和“民营经济19条”等政策，大力推进产业发展互补互促、资源要素互接互流，促进了创新创业和经济结构调整，为天津市高质量发展提供了新动能。

2018年4月，国务院正式批复《河北雄安新区总体规划（2018—2035年）》，标志着作为京津冀协同发展增长极的雄安新区规划建设开始迈入新的阶段。

2019年初，习近平总书记到京津冀考察，对京津冀协同发展提出了新的要求：

第一，紧紧抓住“牛鼻子”不放松，积极稳妥有序疏解北京非首都功能。要更加讲究方式方法，坚持严控增量和疏解存量相结合，内部功能重组和向外疏解转移双向发力，稳妥有序推进实施。

要发挥市场机制作用，采取市场化、法治化手段，制定有针对性的引导政策，同雄安新区、北京城市副中心形成合力。要立足北京“四个中心”功能定位，不断优化提升首都核心功能。

第二，保持历史耐心和战略定力，高质量高标准推动雄安新区规划建设。要把设计成果充分吸收体现到控制性详细规划中，保持规划的严肃性和约束性，用法律法规确保一张蓝图干到底。要打造一批承接北京非首都功能疏解的标志性工程项目，新开工建设一批交通、水利、公共服务等重大基础配套设施，让社会各界和新区百姓看到变化。要建设一支政治过硬、专业过硬、能吃苦、富有开拓创新精神的干部队伍，加强党风廉政建设，营造风清气正的良好环境。

第三，以北京市级机关搬迁为契机，高质量推动北京城市副中心规划建设。要充分考虑搬迁过程中可能遇到的各种情况，研究出台具有针对性和可操作性的政策举措，解决干部职工的后顾之忧。要加快重大基础设施建设，配置教育、医疗、文化等公共服务功能，提高副中心的承载力和吸引力。要推进北京中心城区“老城重组”，优化北京空间布局和经济结构，提升北京市行政管理效率和为中央政务服务的职能。

第四，向改革创新要动力，发挥引领高质量发展的重要动力源作用。要集聚和利用高端创新资源，积极开展重大科技项目研发合作，打造我国自主创新的重要源头和原始创新的主要策源地。要立足于推进人流、物流、信息流等要素市场一体化，推动交通一体化。要破除制约协同发展的行政壁垒和体制机制障碍，构建促进协同发展、高质量发展的制度保障。

第五，坚持绿水青山就是金山银山的理念，强化生态环境联建联防联治。要增加清洁能源供应，调整能源消费结构，持之以恒推进京津冀地区生态建设，加快形成节约资源和保护环境的空间格局、产业结构、生产方式、生活方式。

第六，坚持以人民为中心，促进基本公共服务共建共享。要着力解决百姓关心、涉及切身利益的热点难点问题，优化教育医疗资源布局。要加大力度推进河北省贫困地区脱贫攻坚工作，发挥好京津对口帮扶机制的作用，确保2020年京津冀地区贫困县全部摘帽。要坚持就业优先，做好当地百姓就业这篇文章。

京津冀协同发展在未来一段时期将更加快速地向纵深推进，这也为互联网金融的发展提供了更多契机。

第三节 天津市互联网金融总体发展情况

2018年是我国互联网金融发展史上具有转折性意义的一年。在监管压力持续增大的背景下，互联网金融行业前期野蛮生长带来的各类潜在风险集中爆发，大批违法违规平台被立案查处，市场规模大幅缩减。从天津市看，2018年以来，全市互联网金融合规整改力度进一步加大，以P2P为代表的互联网金融平台风险加速出清，在运营平台数量、交易量、参与人数等关键性指标大幅下跌，存量平台运营的规范化程度不断提高。全国互联网金融风险分析技术平台监测数据显示，截至2018年末，天津市正常运行的互联网金融平台有417家，居全国第18位。

天津市互联网金融涵盖互联网支付、网络借贷、互联网直销银行、互联网证券、互联网基金销售和互联网消费金融等几个主要业态门类，不同业态呈现分化的发展态势如下。

一、互联网支付

2018年，天津市辖内各银行机构办理网上支付业务8.66亿笔，同比增长37.00%，交易总金额为37.66万亿元，同比增长3.25%；办理移动支付业务8.23亿笔，同比增长21.55%，交易总金额为4.68万亿元，同比增长82.71%。

2018年，天津市辖内各非银行支付机构办理网上支付业务5 240.86万笔，同比下降33.22%，交易总金额为2 540.75亿元，同比下降41.47%。

二、P2P网络借贷

截至2018年末，天津市共有136家P2P网贷平台，正常运营的平台有7家；在运营P2P网贷平台借贷余额16.57亿元，较年初减少19.50亿元，累计下降54.06%；借款人2.39万人，较年初减少2.25万人，减幅为48.50%；出借人1.02万人，较年初减少7.69万人，减幅为88.20%；人均借款金额6.93万元，较年初减少0.83万元，累计下降10.69%；人均出借金额达到16.19万元，较年初增加12.05万元，增长291%；平均借款期限5.87个月，较年初延长1.52个月，增长34.94%；平均收益率10.80%，较年初上升1.52个百分点。

三、互联网直销银行

截至2018年末，天津市辖内已有渤海银行、天津滨海农村商业银行、天津农村商业银行、天津银行4家法人银行机构开展了直销银行或类直销银行业务，各项经营指标均呈现不同程度的增长。其中，截至2018年末，渤海银行直销银行注册用户数同比增长22.12%，活跃用户同比增长37.94%，存款余额同比增长194.91%，理财产品余额同比增长27.72%；天津滨海农村商业银行直销银行存款余额比年初增长925.93%；理财产品余额比年初增长126.48%。

四、互联网证券

注册在天津市的证券公司仅渤海证券1家。2018年，渤海证券新增开户数9 678户，其中网上开户数9 275户，同比下降29.16%；新增网上开户数占全部新增开户数的比重约为96%，比上年增加16个百分点；互联网金融商城累计销售金融产品约10亿元，较上年增长约6倍。

五、互联网基金销售

注册在天津市的公募基金管理公司仅天弘基金1家。截至2018年末，天弘基金资产管理规模为14 098.74亿元。其中，货币公募基金为13 061.16亿元，非货币公募基金为359.49亿元，专户为678.09亿元。2018年，天弘基金网上开户数同比大幅增长，但互联网基金销售额同比小幅下降。

六、互联网消费金融

2018年，天津市互联网消费金融市场继续保持快速发展态势，用户数量、贷款规模都实现了较快增长。以唯一一家注册地在天津市的持牌消费金融公司——捷信消费金融公司为例，该公司共有三款信贷产品通过互联网渠道办理。2018年，捷信公司在天津的线上业务新增客户数量接近2 800人，累计贷款金额超过5 800万元，平均首期30天逾期率为0.87%；捷信线上业务服务的客户群主要为18~34岁的年轻人群，以及月收入在6 000元以下的中低收入人群。

第四节　天津市互联网金融的发展趋势与展望

一、总体发展趋势

（一）互联网金融风险防范长效机制逐步建立

自互联网金融风险专项整治工作开展以来，互联网金融监管体系逐步建立健全，各类监管政策不断出台并逐步细化，互联网金融领域的违法违规行为受到严厉打击，行业风险得到有效遏制。未来一段时间，防范和化解风险仍是互联网金融发展面临的重要课题，适应互联网金融特点的监管和风险防范长效机制将得到进一步完善，合规审慎将成为互联网金融从业机构的基本经营准则。

（二）差异化竞争将成为中小机构发展的主要路径

当前，互联网金融领域的少数领军企业拥有资金、技术、获客渠道等各方面的优势，抢占了绝大部分的市场份额，而众多中小从业机构则在市场竞争中处于弱势地位。天津市互联网金融从业机构多为中小型机构，在产品与服务同质化较为严重、市场竞争日益加剧的情况下，只有根据客户需求及自身特点，积极探索差异化创新发展模式，才能在市场中占有一席之地。

（三）普惠金融仍是互联网金融市场拓展的主要着力点

互联网金融借助大数据、云计算、区块链、人工智能等前沿技术，广泛服务于金融交易、产品研发和场景搭建，在提升金融效率、降低交易成本、升级金融服务体验方面发挥着越来越重要的作用，其低门槛、低成本、高效率、广覆盖的特征更符合社会大众对于普惠金融的需求。在互联网金融运营不断趋于规范的大背景下，天津市互联网金融从业机构将充分利用自身优势，深度开发长尾人群，不断提高对实体经济和弱势群体的服务水平。

（四）依托于新技术的产品和服务创新将更加普遍

互联网金融本身就是一种创新型业态，技术驱动是其本质特征。在互联网金融市场竞争日趋激烈的背景下，出于提升产品竞争力、实现差别化竞争、优化服务体验的考虑，从业机构依托新技术加快产品创新、服务创新将成为主流趋势，人工智能、物联网、区块链、分布式记账、生物识别等前沿技术将得到广泛应用和深度开发。天津市互联网金融协会正在探索搭建天津金融科技服务平台，以期在智能金服、银企对接等方面为互联网金融发展提供更多技术支撑。

（五）金融消费者权益保护措施将持续完善

近年来，各级各部门对金融消费者权益保护工作高度重视，出台了一系列政策、措施，并探索开展了多种形式的消费者权益保护机制。未来，金融消费者权益保护措施将持续完善，强化金融消费者权益保护也将成为天津市互联网金融从业机构的重要任务。在人民银行天津分行的推动下，天津市金融学会、天津市互联网金融协会将积极探索金融消费权益保护新机制，旨在通过非诉讼独立第三方调解的方式为金融消费双方提供公益服务，缓解金融消费领域日益增长的矛盾纠纷，最大限度地维护金融消费双方的合法权益。

二、具体业态发展趋势

（一）互联网支付

支付宝、微信两大巨头垄断市场的局面在短期之内难以改变，天津本地的支付机构规模偏小、市场占有率不高，面临的市场压力持续增大，需要在开发应用特色性产品和服务方面加大创新力度。下一步，各机构将在严格控制风险的基础上，更加重视对公领域的服务创新，并进一步加强移动支付在政务和民生服务领域的推广应用。

（二）P2P网络借贷

随着监管政策体系不断完善，P2P机构的市场套利空间不断减少，在严格的监管框架下运作成为其面临的首要问题。天津市本地的P2P机构数量少、规模小，市场竞争力不足，互联网金融风险专项整治工作完成后，通过备案的机构将积极采取措施在依法合规前提下扩大经营规模、提升市场占有率，依托实体经济、专注服务小微企业将是P2P机构拓展市场的主要方向。

（三）互联网直销银行

短、频、快的业务优势让直销银行业务发展迅速，也成为传统银行业机构占领互联网金融市场的主要竞争领域。未来，直销银行的队伍将不断壮大，天津本地直销银行面临的竞争也更趋激烈。各机构将在有效控制风险的同时，积极探索直销银行业务创新，着力开发具有本土属性的特色化直销银行产品，不断提高产品的市场竞争力，拓展获客渠道和利润空间。

（四）互联网证券

天津市互联网证券总体规模不大，在业务创新和市场拓展方面也不占优势，加快产品创新、扩大经营规模将是其面临的主要课题。在国家监管政策和市场需求引导下，天津市证券机构未来将更加注重风控管理，积极推进数字化业务转型，主动围绕用户需求，运用科技手段开展产品和服务创新，进一步提升市场竞争力。

（五）互联网基金销售

近年来，互联网基金销售领域的监管规则和监管措施不断完善，互联网基金销售面临日趋严格的准入和合规要求。各从业机构将围绕客户需求创新服务方式，积极推动服务向定制化、财富管理方向转型，并不断提升客户体验及黏性。

（六）互联网消费金融

天津市消费者对互联网消费金融产品具有较高的认知度和使用率，这为天津市互联网消费金融发展提供了良好的条件。未来，各从业机构将把合规经营、风险防控摆在首要位置，建立健全风控机制，依法规范经营行为。此外，融合线上线下的多渠道服务模式将成为主流，并成为行业新的利润点。

第二章
互联网支付

- 天津市互联网支付发展情况
- 天津市互联网支付面临的主要问题和挑战
- 天津市互联网支付的发展趋势与展望

全国情况 >>>

根据人民银行发布的《2018年支付体系运行总体情况》，2018年，全国银行业金融机构共处理网上支付业务570.13亿笔，金额2 126.30万亿元，同比分别增长17.36%和2.47%；移动支付业务605.31亿笔，金额277.39万亿元，同比分别增长61.19%和36.69%。

2018年，网上支付跨行清算系统共处理业务120.98亿笔，金额89.05万亿元，同比分别增长42.93%和44.29%。日均处理业务3 314.48万笔，金额2 439.85亿元。

第一节　天津市互联网支付发展情况

一、互联网支付规范发展基础夯实

2018年，人民银行天津分行等出台了《推广和普及移动支付三年行动方案（2018—2020年）》等一系列政策文件，引导互联网支付业务规范创新，推动在全市范围内快速普及互联网支付，夯实了互联网支付业务发展的政策基础。

同时，人民银行天津分行还加强了对互联网支付服务市场主体的监测预警、风险研判和监督检查，稳步推进“断直连”工作，持续深入开展无证经营支付业务整治，坚决打击市场主体为赌博等非法交易提供服务等行为，为互联网支付业务规范发展创造了良好的市场条件。

二、互联网支付迈入高质量发展阶段

2018年，天津市辖内银行业机构办理网上支付业务8.66亿笔，同

比增长37.01%，交易总金额37.66万亿元，同比增长3.25%；办理移动支付业务8.23亿笔，同比增长21.55%，交易总金额4.68万亿元，同比增长82.71%（见图2-1）。

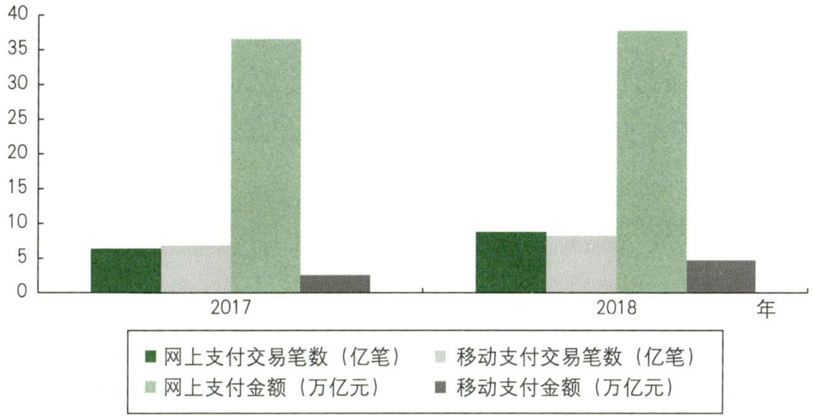

数据来源：天津市互联网金融协会。

图2-1　2017—2018年天津市银行机构办理互联网支付业务情况

2018年，天津市辖内非银行支付机构办理网上支付业务5 240.86万笔，同比下降33.22%，交易总金额2 540.75亿元，同比下降41.47%（见图2-2）。

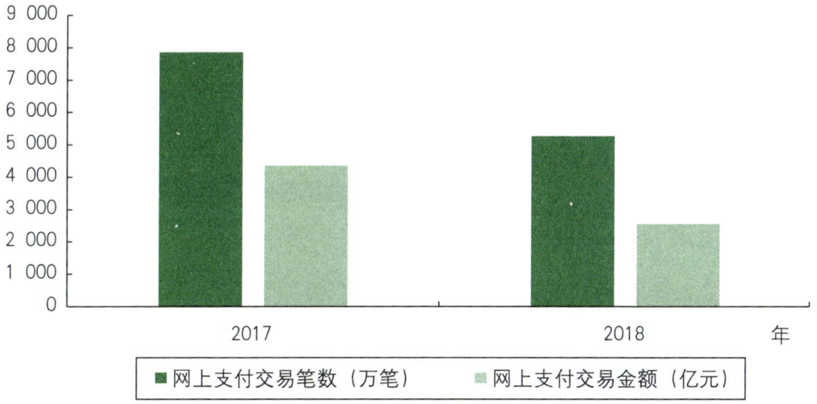

数据来源：天津市互联网金融协会。

图2-2　2017—2018年天津市非银行机构办理互联网支付业务情况

三、互联网支付在农村地区加快普及

天津市涉农银行机构和支付机构依托网点和服务优势，出台多项手续费、服务费减免等优惠措施，积极培育农村消费者无现金支付习惯，大力拓展农村地区移动支付商户，提高农村互联网支付渠道的使用率，实现了互联网支付在农村地区的快速普及。

2018年，天津市农村地区网上银行和手机银行新增开户数量分别为81.10万户和147.81万户；银行机构办理农村地区网上支付和移动支付业务金额分别达到12 081.59亿元和5 153.45亿元，同比分别上升114.13%和44.33%（见图2-3）。

数据来源：天津市互联网金融协会。

图2-3　2017—2018年天津市银行机构办理互联网支付业务地区分布情况

四、互联网支付便民利企优政作用明显

作为互联网支付的重要组成部分，移动支付业务在天津得到快速普及，在有效降低交易成本、增强交易便利性、提升经济社会运

行效率等方面发挥了积极作用。

2018年，市场主体和行业主管部门共同努力，全力开展移动支付受理环境建设和提升工作，实现“三个率先”［率先完成天津地铁（轻轨）、滨海公交和市内公交受理终端的移动支付改造工作，率先在全国首创联网通用标准扫码乘车，率先实现便民场景的全面应用］的重大突破，移动支付在教育、医疗、政务服务等领域的应用也取得了重要进展。

第二节　天津市互联网支付面临的主要问题和挑战

一、部分市场主体盈利能力较差

相比银行机构，大部分从事互联网支付业务的第三方支付机构主要盈利来源较为单一，基本为手续费收入（商户根据具体交易情况向支付机构支付的交易佣金）。不同支付机构间收入差距较大，赢者通吃的互联网效应较为明显。特别是在移动支付市场中，寡头竞争格局明显，支付宝、财付通等依靠过硬的产品技术、资金实力成为行业龙头企业，其交易额占全国第三方移动支付领域交易总额的92%以上，中小支付机构的生存空间受到一定程度的挤压。同时，市场上各类互联网支付产品趋于同质化，费率竞争成为吸引商户的重要手段，更加剧了市场主体之间的价格竞争，直接影响了部分机构的盈利能力。

二、部分市场主体风险防控及合规意识不足

在互联网支付业务快速发展过程中，市场主体专注于市场规模、市场占有率、业务量增长等市场化或盈利性指标，对支付业务

风险防控的重视程度不足，风险防控意识和风险管理能力处于较低水平。部分市场主体在客户信息保护、客户资金和业务系统安全等方面投入资源不够，甚至存在以创新为名，损害消费者正当权益的情况，导致账户盗用和电信诈骗等案件屡有发生。此外，部分市场主体甚至为赌博等非法平台提供支付通道，严重扰乱了支付市场正常秩序。2018年，人民银行天津分行大力整治市场乱象，4家法人支付机构中有3家受到了行政处罚。

第三节 天津市互联网支付的发展趋势与展望

一、对公支付服务领域的互联网支付将受到更多关注

近年来，随着互联网支付业务的推广和普及，个人支付市场发生了翻天覆地的变化，支付的便捷性和效率性均大大提高。但对公结算方面，虽然监管部门和银行机构积极推进对公结算电子化进程，因势利导地推出了一些诸如电子商业汇票、支票影像等创新业务，大力发展企业网银、现金管理等对公结算产品，但总体而言，对公结算领域尚未发生根本性和颠覆性的变革，特别是基于企业客户的互联网支付业务创新还很少。在个人支付领域竞争加剧的情况下，各市场主体应重视对公领域创新，逐步实现互联网支付服务与企业资金管理、资金结算的有机结合，为对公客户提供更好的支付服务体验。

二、移动支付在政务和民生服务领域的应用将更加普遍

当前，移动支付已基本覆盖生活消费领域的方方面面，成为社会公众日常生活不可或缺的一部分。各市场主体也在结合自身业务

特色和优势，大力将移动支付向公共交通、医疗卫生等民生领域推广。下一步，监管部门和市场主体将继续推进移动支付普及工作，做好移动支付在政务服务和民生保障领域应用的相关工作，使社会公众充分享受到移动支付服务的普惠性、使用的便捷性、费用的合理性，满足人民群众生活需求。

三、支付业务风险防范将被摆在更加重要的位置

支付业务发展应以支付安全作为前提。互联网支付业务的快速发展，进一步增加了支付业务发生系统性风险和风险传染的可能性。监管机构将根据互联网支付行业发展特点和趋势，努力把风险防范关口前移，增强监管的前瞻性，充分运用各种科技手段，不断改进监管工具和方法，创新监管手段，加强业务指导和督促检查，及时发现和严肃惩处市场主体的违法违规行为。市场主体将依据监管要求，不断提高互联网支付业务风险监测的敏锐性和时效性，完善业务风险防范机制和措施，提高风险防控水平，有效防范业务风险，减少和避免风险事件的发生。

专栏

多措并举形成合力　全面推进天津市移动支付便民示范工程工作取得实效

人民银行天津分行按照总行要求，认真贯彻落实以人民为中心的发展思想，践行支付为民的工作理念，组织辖内机构开展天津市移动支付便民示范工程工作，全面提升移动支付服务能力，持续推动联网通用标准移动支付在公共交通、教育、医疗等便

民服务领域的广泛应用，助力天津智慧城市建设和经济高质量发展，促进天津成为全国大出行领域联网通用移动支付产品应用全覆盖的典型城市。

一、强化顶层设计，加强政策引导

为健全完善适应移动支付发展的政策环境，充分发挥政策的引导作用，着力形成政府和市场双重保障机制，人民银行天津分行印发了《天津市移动支付便民示范工程实施方案》，并与市委网信办联合印发了《推广和普及移动支付三年行动方案（2018—2020年）》，全面部署天津市移动支付便民示范工程实施工作，确保实现移动支付在生活消费、民生保障、政务服务等领域全面覆盖。人民银行天津分行建立了示范工程信息报送和反馈机制、定期会议、现场检查等多项制度。

二、推动移动支付在公共交通领域实现全面覆盖

人民银行天津分行指导银联天津分公司、中国银行天津市分行、天津一卡通公司与行业方密切配合，分别于2018年4月、7月和8月顺利完成天津地铁（轻轨）、滨海公交和市内公交受理终端的移动支付改造工作，实现了银行卡闪付、手机闪付、乘车码扫码等多种移动支付方式乘车。其中银行业统一APP乘车码乘车在全国范围内属于首创，极大改善了乘客出行体验，提升了通勤效率。2018年，通过上述移动支付方式乘坐公共交通（含地铁、轻轨和公交）的乘客已超过4 300万人次，单日交易笔数峰值达48万笔，云闪付APP新增活动用户超过60万户，天津已成为全国大出行领域联网通用移动支付产品全覆盖的典型城市。

三、全面完成受理环境改造工作

截至2018年底，天津市已完成全部存量活跃特约商户的手机PAY改造工作，累计改造18.66万户商户；完成15.59万户特约商户的联网通用标准二维码改造工作；建成天津新业广场、天津佛罗伦萨小镇等24个示范商圈及赛顿街区、奥城街区等37个示范街区。2018年，天津市累计完成手机PAY交易1 488.46万笔、交易金额25.89亿元，联网通用标准二维码交易5 268.64万笔、交易金额104.08亿元。

四、着力覆盖百姓日常生活场景

政务民生领域方面，天津市“政府非税收入收缴电子化业务”在云闪付APP及线下终端同时成功上线，天津成为政府非税收入移动支付应用（云闪付APP上线服务）的全国首个地区。

公共缴费方面，天津市实现缴纳交通罚款全流程线上线下一体化，2018年交通罚款缴纳业务累计实现交易190万笔，成为全国首个实现交通罚款缴纳的联网通用支付产品全覆盖的城市；国地税自助终端和有线电视已实现跨屏扫码支付；两家商圈停车场已实现无感支付和手机闪付，2018年累计实现交易6 419笔；3家幼儿园、4所中学学费缴纳已接入云闪付便民缴费业务，2018年实现云闪付缴纳学费1.3万笔。

便民服务方面，天津市积极开展示范菜市场建设项目，累计拓展菜场110余家，特约商户8 000余户，覆盖市内六区及东丽、津南、滨海新区等周边区县，累计发生交易约95万笔；推动移动支付进校园、进企业，共有线上8所高校开通校园卡充值或缴费、线下20所高校可受理二维码业务；完成9家三甲医院窗口终端、1家医院自助终端、13个品牌共300多家连锁药店终端机具改造，实现联网通用标准二维码和手机闪付受理。

五、广泛开展宣传营销工作

人民银行天津分行高度重视宣传与舆论引导对移动支付推广应用的重要推动作用，组织辖内机构通过《天津日报》、天津电视台等十余家传统媒体及北方网、人民网等新媒体，广泛宣传联网通用标准移动支付业务和产品优势，形成覆盖线上、线下、传统媒体、新媒体的立体宣传模式。特别是结合公共交通领域移动支付的全面覆盖，组织银联天津分公司等机构开展了“一分钱乘公交”“一元钱乘地铁”等营销推广活动，进一步增加了社会公众对移动支付普惠性、便利性的认识和了解。

第三章
P2P网络借贷

- 天津市P2P网络借贷发展情况
- 天津市P2P网络借贷面临的主要问题与挑战
- 天津市P2P网络借贷的发展建议

全国情况 >>>

根据第三方统计机构数据，2018年，全国P2P网络借贷行业运营平台数量降幅显著。截至2018年末，全国正常运营的P2P网络借贷平台数量共1 021家，较上年同期减少1 628家，降幅为61.46%。

2018年，全国P2P网络借贷成交额17 948.01亿元，较上年减少21 004.34亿元，降幅为53.92%；年末贷款余额下降至7 889.65亿元，同比下降54.17%。

2018年，全行业平均收益率约为9.81%，比上年提高1.24个百分点；平均借款期限为12.65个月，比上年延长4.46个月；出借人数与借款人数分别约为1 331万人和1 992万人，分别同比下降22.30%和11.19%。

第一节 天津市P2P网络借贷发展情况

一、P2P行业运营情况综述

2018年，天津市严格落实国家互联网金融风险专项整治相关政策精神，结合本市网络借贷行业发展实际情况，扎实做好已出险机构的风险处置，有序化解存量业务风险，稳妥引导违规机构主动退出市场，依法打击和取缔违法机构，顺利实现了在运营网络借贷机构总数、业务规模和参与人数的“三降”目标，行业风险持续得到缓释，金融市场秩序和社会稳定得到有效维护。

从天津市网络借贷市场总体状况看，呈现机构数量少、单体规模小、参与人数少、区域发展不均衡等特点。

第一，机构数量少。截至2018年末，天津市网络借贷机构总数136家，占全国网络借贷机构总数（第三方机构统计数据）的

2.06%，在运营机构7家，占全国在运营网络借贷机构总数（第三方机构统计数据）的0.44%。按照第三方机构统计的相关数据，天津市在运营网络借贷机构数量在全国省份排名中仅为第18位。

第二，单体规模小。天津市累计交易规模超10亿元的网络借贷平台不足10家，规模最大的希望金融平台累计交易额不足百亿元，在全国排名第80位左右（第三方机构统计排名）。截至2018年末，希望金融平台借贷余额刚刚突破10亿元，在全国排名第90位左右（第三方机构统计排名）。

第三，参与人数少。截至2018年末，天津市网络借贷机构借款人总数2.39万人，仅占全国同期行业总数（第三方机构统计）的0.8%；出借人总数1.02万人，仅占全国同期行业总数的0.6%。

第四，区域发展不均衡。天津市网络借贷平台主要分布在滨海、南开、和平、河西、武清5个行政区域，以上5区网络借贷平台数量占全市网络借贷平台总数的70%以上。尤其以滨海新区平台数量最多，该行政区平台数据占全市平台总数的30%以上。截至2018年末，在运营的7家网络借贷平台中，滨海新区平台5家，占71.4%。

从整体发展情况看：2018年前5个月，国家监管政策总体平稳，新出台政策不多，各项网络借贷整治措施有序推进，天津市网络借贷行业在历经2017年从严整治之后，逐步恢复平稳运行，网络借贷市场总规模有回升趋势，借贷总额及余额逐步扩大。6月开始，在监管压力持续增大的背景下，加之外围网络借贷机构频繁爆雷、投资人信心大幅下降，天津市部分违法违规平台风险暴露，E周行、蜂硕金融、宝蓝财富等网络借贷平台先后发生风险并被立案查处，与此同时，主动退出市场的网络借贷平台数量急剧增加，市场规模大幅下滑。8月以后，国家监管政策进一步调整和细化，地方性风险稳控措施逐步落地，网络借贷市场运营风险得到有效控制，网络借贷机构在监管引导下加速平稳退出，市场逐步出清。

二、主要发展指标运行态势

天津市互联网金融协会通过网络摸排和非现场调查相结合的方式，综合参考协会开发的“互联网金融舆情广告监测系统”及网贷之家、网贷天眼、第一网贷、51网贷、网贷天地等第三方机构监测和披露的信息，对全市P2P网络借贷行业运行情况进行了调研分析[①]。2018年天津市网络借贷行业主要运行指标发展态势如下：

（一）在运营平台数量持续减少

截至2018年末，天津市共有P2P网络借贷平台136家，其中，在运营网络借贷平台7家（希望金融、北方金融、嘉e贷、云智慧、优先贷、非常有财和津融票号），占天津市网络借贷平台总数的5.15%，较年初减少31家（见图3-1）。已停止运营平台达129家，占平台总数的94.85%。从发展变化情况看，全市在运营网络借贷平台数量由年初的38家减少到年末的7家，累计减少81.6%。受监管政策及其他因素影响，全年出现了6月和9~10月两个快速下滑期，两个期间累计减少在运营平台25家，占全年减少在运营平台总数的80.6%。同时，在市场准入审批从严和市场前景不定的影响下，全年全市无新增网络借贷平台。

① 由于各平台数据披露的规范性、完整性和报送数据配合度不一，极个别数据采用了基于现有数据平均水平的估算数值，由于规模不大，不会影响本报告的结论性判断。同时，本报告采用的数据均为各平台主动披露或向协会报送，未经专业审计和协会现场核验，仅供参考。

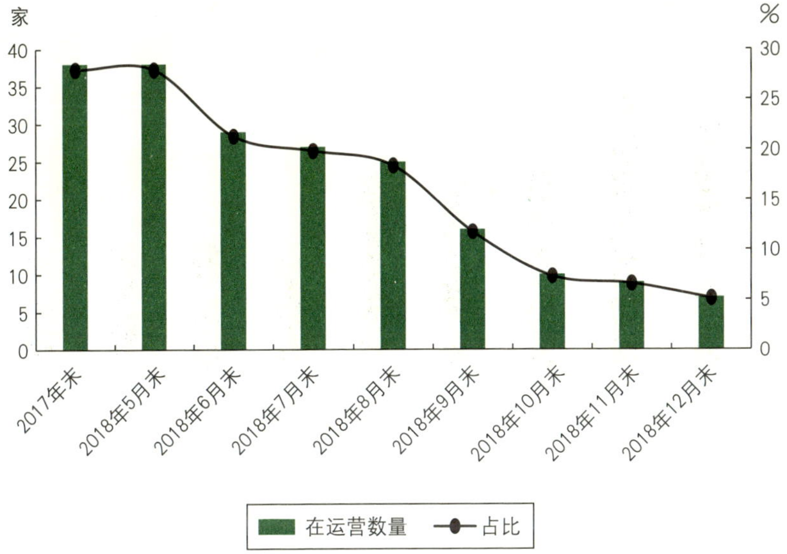

数据来源：天津市互联网金融协会。

图3-1　天津市在运营网络借贷平台数量

（二）网贷余额持续下降

截至2018年末，天津市在运营P2P网络借贷平台借贷余额（以下简称网贷余额）16.57亿元，较年初减少19.5亿元，累计下降54.06%。从全年发展情况看，网贷余额呈现先增后减态势：1~5月总体运营平稳，市场人气有所恢复，网贷余额出现小幅增加；6月开始，网贷余额呈现下滑趋势（见图3-2）。但从下滑速度看，网贷余额下滑速度较平台数量减少速度略慢，主要原因是规模较大的网络借贷平台在市场快速降温过程中较多地保存下来，其借贷余额占比较高且保持相对稳定。

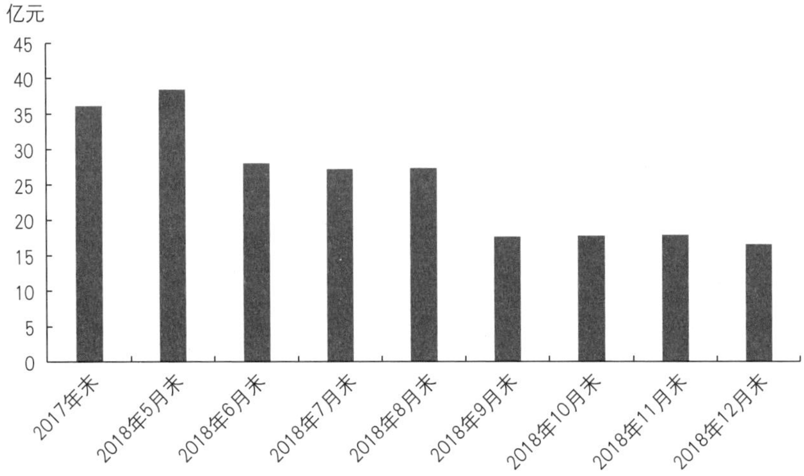

数据来源：天津市互联网金融协会。

图3-2 天津市网络借贷机构借贷金额变化情况

（三）平台参与人数持续减少[①]

截至2018年末，天津市网络借贷机构借款参与人2.39万人，较年初减少2.25万人，减幅为48.5%；出借参与人1.02万人，较年初减少7.69万人，减幅为88.2%。从全年变动情况看，借款人、出借人均呈持续减少态势，但借款人减少幅度少于出借人，特别是自8月开始，借款人数量开始多于出借人数量，并一直持续到年末，12月末二者之比达到2.34∶1（见图3-3）。主要原因是出借人投资信心下降严重，新增投资人及老客户均呈现大幅减少趋势。

① 统计过程中，剔除了已被司法机关立案查处网络借贷平台未清偿借款涉及的借款人、出借人。

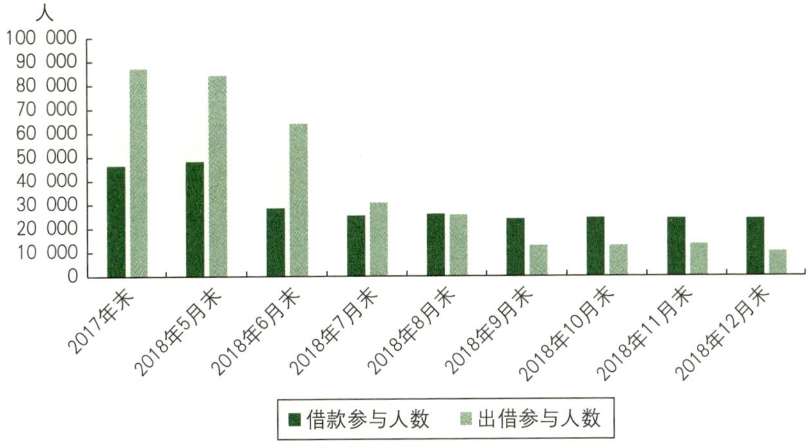

数据来源：天津市互联网金融协会。

图3-3　天津市网络借贷机构参与人数情况

（四）人均借款金额稳中趋降

截至2018年末，天津市网络借贷行业人均借款金额6.93万元，较年初减少0.83万元，累计下降10.69%（见图3-4）。从全年变动情况看，人均借款金额月度波动幅度不大，总体呈现前高后低走势：前7个月一路走高，7月末人均借款金额达到最高（10.73万元）；8月之后持续走低，12月人均借款金额全年最低。

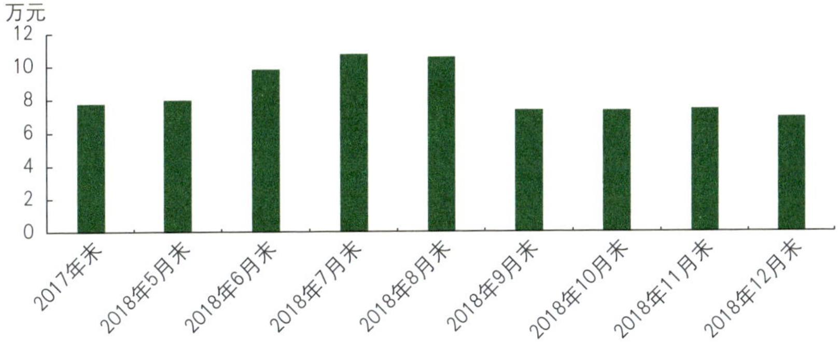

数据来源：天津市互联网金融协会。

图3-4　天津市网络借贷机构人均借款金额

（五）人均出借金额持续攀升

截至2018年末，全市网络借贷市场人均出借金额达到16.19万元，较年初增加12.05万元，增长291%。从全年变动情况看，人均出借金额持续走高，上半年总体较为平稳，人均出借金额维持在4.5万元上下，7月开始人均出借金额大幅走高，走高趋势维持到年末（见图3–5）。综合考虑各方面情况，下半年人均出借金额持续大幅上升的原因主要是在监管持续加压、网络借贷市场风险加剧的背景下，投资人信心下滑严重，网络借贷投资有向老客户集中趋势，人均出借金额增加较快。

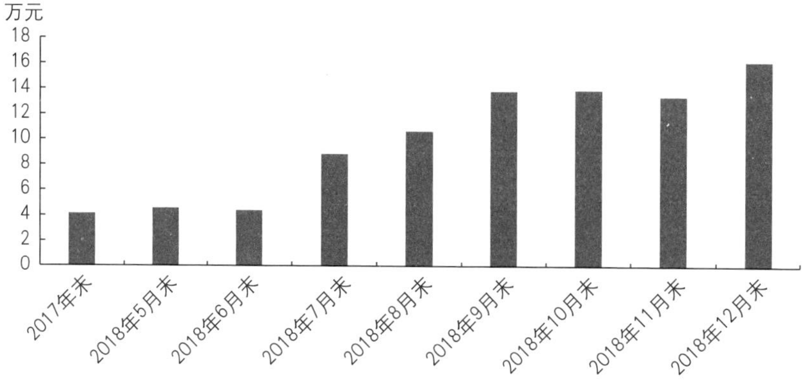

数据来源：天津市互联网金融协会。

图3–5 天津市网络借贷机构人均出借金额

（六）借款期限、收益率震荡上行

截至2018年末，天津市网络借贷行业平均借款期限为5.87个月，较年初延长1.52个月，增长34.94%；平均收益率为10.8%，较年初上升1.52个百分点。从全年变动情况看，借款期限和利率均呈震荡上行走势：借款期限上半年一路走高，第三季度下行后，第四季度再次走高，年末达到全年最高点；收益率前半年持续上升，9月、10月、11月大幅下跌后，12月再次上升并于年末达到年内最高点（见图3–6）。

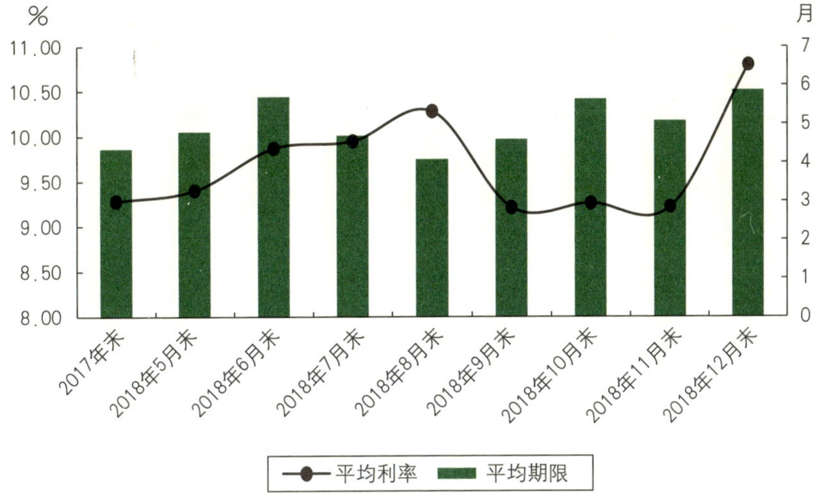

数据来源：天津市互联网金融协会。

图3-6　天津市网络借贷机构平均利率与期限

第二节　天津市P2P网络借贷面临的主要问题与挑战

一、借款逾期率快速增加影响整改进度

天津市各网络借贷平台借款逾期率自2018年第二季度开始快速增加，截至2018年末，部分平台借款逾期总额已经超过平台全部余额的三分之一。借款逾期率增加进而加速了网络借贷平台风险的暴露进程，对网络借贷市场稳定发展和网络借贷机构的合规整改造成了重要影响。导致借款逾期率增加的原因主要有以下几个方面：一是平台风险频出打击投资人信心，造成借款人融资难度加大，特别是依赖在多平台循环借款的客户出现周转困难，资金链断裂，无法按时还款；二是由于平台对借款人拖欠行为的处置手段有限，借款人恶意拖欠行为增加，引发羊群效应；三是部分平台风控意识不强，部分未严格按要

求压减增量，借款项目风险较大，逾期率增多。

二、网络借贷交易数据统计监测准确性不高

目前，外界获取网络借贷交易数据的方式主要有两种，一是监管部门开展入户检查获取的数据，二是网络借贷平台依据相关监管要求主动披露的数据。这两种数据获取方式都无法保证数据的真实性、准确性和完整性，外界也无法准确判断网络借贷平台的真实运营状况和行业发展情况。主要原因有三：一是网络借贷机构的企业类别、管理模式不一，多为中小型家族制企业，尚未建立完善的内控机制和财务制度，对交易数据的统计记录不够严谨准确；二是各平台业务系统的建设标准不一、统计指标设定不一，监管部门尚无法按照统一标准对全部网络借贷平台开展实时监测；三是部分网络借贷平台落实国家监管政策的积极性、主动性不强，主动披露或者报送的数据存在一定水分。

三、主动性风险防控措施不完善

网络借贷平台依靠互联网开展业务，业务区域和受众人群的覆盖面较传统信贷业务更大，一旦发生风险，波及面更广、扩散速度更快、溢出效应更强，且风险后续处置的难度更大。天津市网络借贷平台均为中小型平台，现场检查结果显示，多数平台的公司治理体制、风控模式、风控手段等均存在较大缺陷，特别是在风险评估及监测预警、应急保障措施、网络信息安全防护等方面薄弱环节较多。平台无法对借款人和借款项目的风险等级，以及借款人所属行业领域的市场风险进行科学判断和评估，且部分平台的借款项目存在行业集中度过高的问题；借款人借后风险的连续性监测及风险预警也难以达到主动性风险防控的相关要求，特别是在风险发生后，平台的应对手段相对有限，处置效果差强人意。此外，部分网络借

贷平台风控意识淡漠，存在开发和营销高风险金融产品、超范围经营、打监管“擦边球”等现象，增大了风险隐患。

四、业务开展规范性有待提高

中小型平台业务管理的家族性特征较为明显，多数平台尚未建立完善的业务操作流程，部分业务制度较完备的平台落实制度也不够彻底。在实际操作中，业务人员分工不明、责任不清、一人多岗、“一手清”等现象较为普遍，且缺乏必要的监督措施，导致业务操作较为混乱，风险隐患较多。同时，网络借贷机构从控制成本角度考虑，招聘的业务人员来自不同行业和不同领域，部分核心业务人员不具备金融从业经验，合规意识不足，难以适应实际工作需要。此外，网络借贷行业业务人员特别是核心业务人员的流动性远高于一般持牌金融机构，人员频繁变动使平台业务和管理的连续性受到影响，制约了其持续发展。

五、对借贷双方的信用评估手段有限

目前，自然人和企业的信用信息散见于人民银行、工商、税务、环保、交通等管理部门及各类商业主体自身建设的信用系统当中，难以实现信息共享，且覆盖面有限，网络借贷平台依靠现有技术手段无法获取借款人、投资人方面的准确信息，信息不对称现象较为严重。一方面，平台对借款人多头借贷、借款违约等情况无法作出准确判断，难以科学分析其资信状况和风险等级；另一方面，也无法准确判断投资人的风险承受能力，对其进行必要的风险提示。2018年，由中国互联网金融协会牵头设立的百行征信有限公司正式设立，拟将包括网络借贷机构借款人信息在内的信用数据纳入征信数据库，对于促进网络借贷信用信息的共享共用将发挥重要作用，但从目前来看，推动网络借贷平台接入征信数据库仍然任重道远。

第三节　天津市P2P网络借贷的发展建议

一、探索解决借款逾期问题的有效途径

行业监管部门要在摸清网络借贷平台借款逾期底数的基础上，科学评估借款逾期的发展趋势和平台运营风险，指导平台充分运用依法催收、司法介入、担保赔偿、不良资产处置等方式分类别推进逾期借款处置工作：对于逾期率不高且潜在风险可控的网络借贷平台，要指导其积极采取合法手段加快借款催收，并做好投资人安抚工作；对于虽未发生风险但潜在风险较大、逾期率增长过快的网络借贷平台，要及时采取果断措施，加强对平台实际控制人和主要业务人员的管控，指导其依法开展逾期借款催收，并从维护社会稳定角度出发有序开展信息披露；对于已经发生风险的平台，要在依法开展查处的基础上，注意维持平台的正常催收和还款渠道，指导平台继续开展逾期借款催收工作。

二、建立完善网络借贷行业数据统计监测体系

建议参照银行业机构统计指标设置细化网络借贷行业统计监测的指标体系，并由监管部门或行业协会牵头组织建立规范化网络借贷行业数据统计监测系统，并将接入统计监测系统作为网络借贷行业市场准入要件，通过系统自动采集和平台主动报送相结合的方式，实时或定期采集网络借贷平台交易数据，生成网络借贷行业运营监测报告。进一步细化网络借贷平台信息披露指标，要求网络借贷平台真实、完整地披露平台重大经营活动、财务状况等经营信息。同时，通过与存管银行对接和现场检查等方式，定期核实平台信息报送和披露的真实性，对刻意瞒报、谎报信息的平台给予严厉

处罚。

三、推进网络借贷机构的分类处置和合规引导

围绕当前网络借贷机构风险处置的相关政策要求，按照网络借贷平台风险状况有序推进机构处置和合规引导工作。对于已经出现风险或者存在明显违法违规行为的网络借贷机构，要在严控风险、确保社会稳定的基础上，依法推进取缔工作；对于潜在风险较小、无明显违法违规行为但不符合备案条件的机构，要通过引导转型、退出等方式，稳妥推进机构良性退出市场；对于运营合规且满足备案条件的机构，要按照法定程序开展机构备案工作。同时，探索以满足备案条件的合规机构为主体，通过合并、重组、兼并等方式开展市场化运作，减少风险出清过程中带来的次生性问题，促进网络借贷市场规范化发展。要进一步建立健全网络借贷平台处置过程中的监控和重大事项报告制度，有针对性地做好稳控措施。

四、指导网络借贷平台建立健全风险防控机制

指导网络借贷平台按照现代金融企业制度要求健全内控管理体系，提升企业治理水平。要求平台将风险管理安排与产品服务创新同步推进，建立覆盖所有业务流程和操作环节的，能够对风险进行持续监控、定期评估和准确预警的全面风险管理体系，并根据业务实际情况有针对性地实施重点风险监控；指导平台制定切实可行的风险预防、处置和应急措施并确保有效落实，积极配合监管部门开展风险摸排和处置；督促平台加强业务基础设施和安全保障设施建设，建立健全网络信息安全软硬件防护体系，并在强化系统运行监测的基础上，制定完善的安全审计机制和数据备份及恢复机制；引导平台加强风险防控策略研究，防范新产品、新技术可能带来的风险，不开展风险不可控的畸形创新。

五、引导和推进平台业务的规范化运作

建议参照现代化金融企业的标准化业务流程，由行业协会等社会组织牵头起草网络借贷行业业务操作规范，由各网络借贷平台参照执行，并指导网络借贷平台建立完善覆盖业务全流程的业务监督制度，推进业务规范贯彻落实。同时，充分发挥行业自律组织的职能作用，运用技术手段加强对网络借贷平台业务运营的监督、检查和指导，及时纠正平台产品开发、平台营销和业务操作等方面的违规行为。推进实施网络借贷机构业务人员从业规范，对网络借贷核心业务和风控人员实行资格准入制度，为各项业务的规范化运作提供人才保障。指导网络借贷平台自觉健全企业文化，强化从业人员职业道德、职业纪律及职业技能建设，防范从业人员道德风险。

六、加快推进网络借贷行业诚信体系建设

建立信用信息互通机制，有步骤地推进分散在各领域、各部门信用信息资源的共享共用，并大力推进符合条件的网络借贷机构尽快接入百行征信系统，减少借贷双方及网络借贷平台因信息不对称带来的信用风险。鼓励构建区域性借贷类行业征信系统，建立覆盖小额贷款、网络借贷、典当等全部类金融机构的信用信息数据库，通过多维度采集和记录信用信息，真实完整地反映借贷主体的信用状况。继续完善以奖惩制度为重点的社会信用体系运行机制，并探索将网络借贷失信人纳入失信联合惩治体系，营造“守信光荣、失信可耻”的诚信氛围。广泛开展金融及法律知识的普及教育工作，引导金融消费者树立正确的消费观、投资观，提升风险意识和法律意识，优化信用环境。

第四章
互联网直销银行

- 天津市互联网直销银行发展情况
- 天津市互联网直销银行面临的主要问题与挑战
- 天津市互联网直销银行的发展趋势与展望

全国情况 >>>

据第三方机构统计，截至2018年末，我国直销银行数量已达135家。其中，城市商业银行是直销银行的主力军，目前共有72家城市商业银行直销银行上线运营，农村商业银行或农村信用社直销银行共有34家，全国性股份制商业银行直销银行达到8家，其他直销银行（包括大型国有商业银行、民营银行和外资银行等旗下直销银行，以及微众银行、网商银行、新网银行、百信银行4家纯互联网银行）共21家。

截至2018年末，直销银行上架产品主要有货币基金产品、存款产品、理财产品。在现有的135家直销银行中，有90家销售货币基金产品，60家销售存款产品，80家销售理财产品。

第一节　天津市互联网直销银行发展情况

截至2018年末，天津市辖内已有渤海银行、天津银行、天津农商银行、天津滨海农商银行4家法人银行机构开展直销银行或类直销银行业务，现以渤海银行和天津滨海农商银行两家为例，介绍天津市直销银行业务模式和经营状况。

一、渤海银行建设专营互联网直销银行

2015年4月20日，渤海银行互联网直销银行正式上线。截至目前，渤海银行直销银行提供的服务包括存款、货币基金、理财、直销基金、保险等产品。

2018年末，渤海银行直销银行注册用户数达到139 392人，同比增长22.12%，月平均新增注册用户2 104人；活跃用户达到31 743

人，同比增长37.94%（见图4-1）。注册用户数的增加反映出渤海银行直销银行的受关注程度持续提高，活跃用户数的大幅度增加表明直销银行的使用率[①]也在稳步提升，更多的客户开始接受并在直销银行购买相关产品。

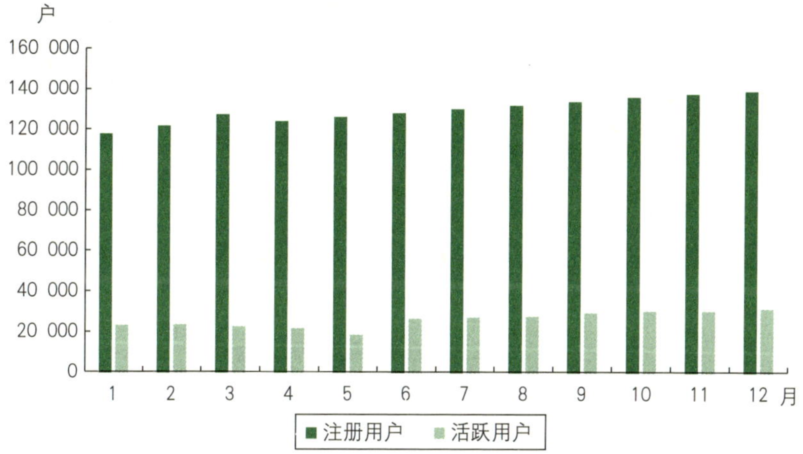

数据来源：天津市互联网金融协会。

图4-1 2018年渤海银行直销银行注册用户数和活跃用户数

2018年，渤海银行直销银行的存款余额和理财产品余额均呈现波动上升趋势。2018年末，渤海银行直销银行存款余额达到1.06亿元，同比增长194.91%，定期存款和活期存款规模分别为1.04亿元和0.02亿元（见图4-2）；理财产品余额达到65.21亿元，同比增长27.72%（见图4-3）。

① 直销银行的使用率为活跃用户在注册用户中所占的比例。

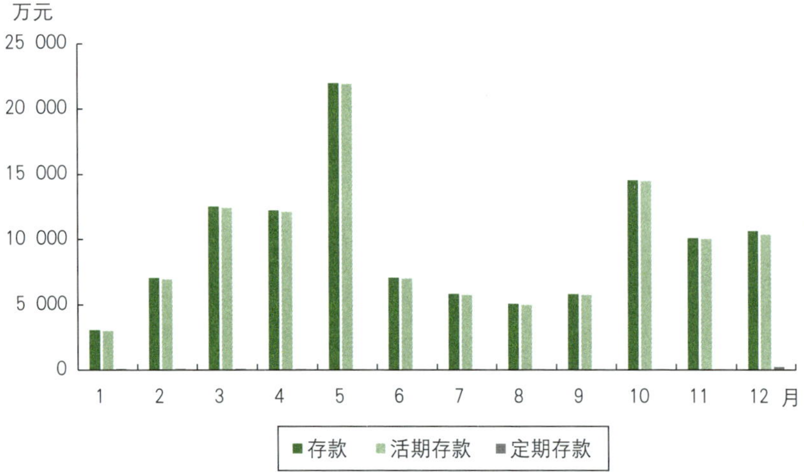

数据来源：天津市互联网金融协会。

图4-2　2018年渤海银行直销银行存款规模

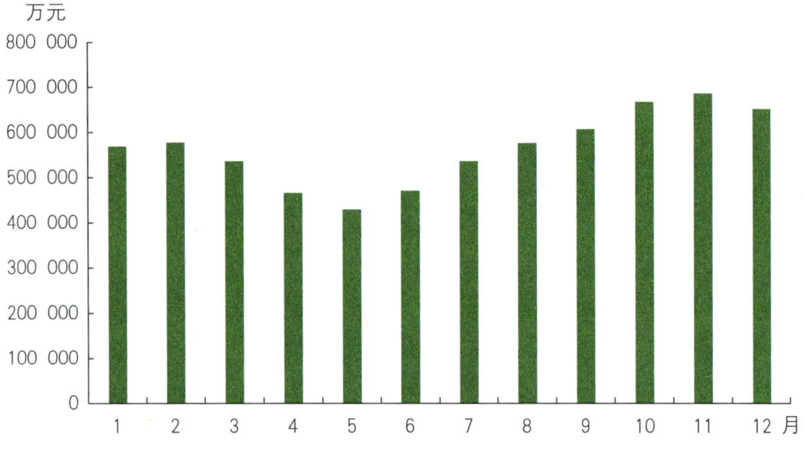

数据来源：天津市互联网金融协会。

图4-3　2018年渤海银行直销银行理财产品余额

二、天津滨海农商银行探索试营类互联网直销银行业务

2016年9月，天津滨海农商银行自主研发“滨海·微银行”平

台，该平台以微信公众号为入口，为客户提供理财产品购买、生活服务缴费等业务功能，是类直销银行产品。

“滨海·微银行”的建立丰富了天津滨海农商银行的互联网产品，为客户提供了方便快捷的优质金融互联网体验。客户通过“滨海·微银行”，可以快捷地选择购买、提前赎回天津滨海农商银行自主研发的滨添利智能存款储蓄产品，并根据客户一笔或多笔的购买情况，展示出产品到期日并提供产品利率计算器。

截至2018年末，“滨海·微银行”累计开立Ⅱ类账户60 593户。2018年，“滨海·微银行”月度新增注册用户由1月的1 452人上升至12月的3 999人；月度新增活跃客户由1月的4 147人上升至12月的11 000人（见图4–4）。

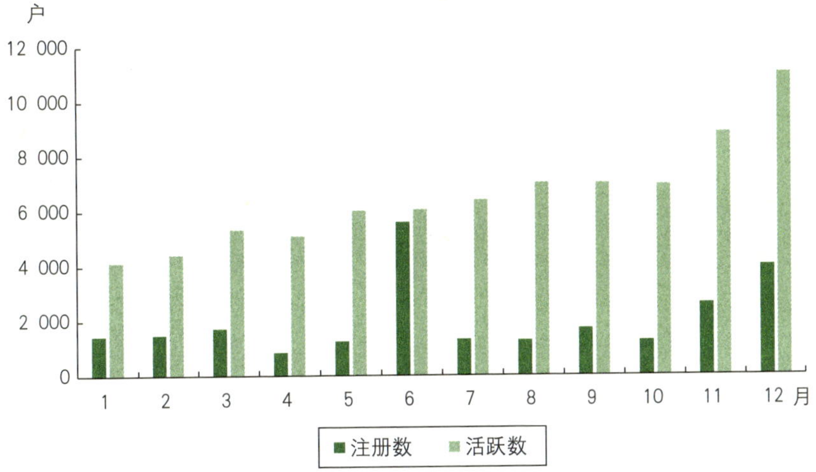

数据来源：天津市互联网金融协会。

图4–4　2018年“滨海·微银行”新增注册用户数及活跃用户数

2018年，“滨海·微银行”存款规模显著上升。2018年末，存款余额达到2.77亿元，比年初增长925.93%，定期存款和活期存款规模分别为1.95亿元和0.82亿元（见图4–5）；理财产品余额达到161.30亿元，比年初增长126.48%（见图4–6）。

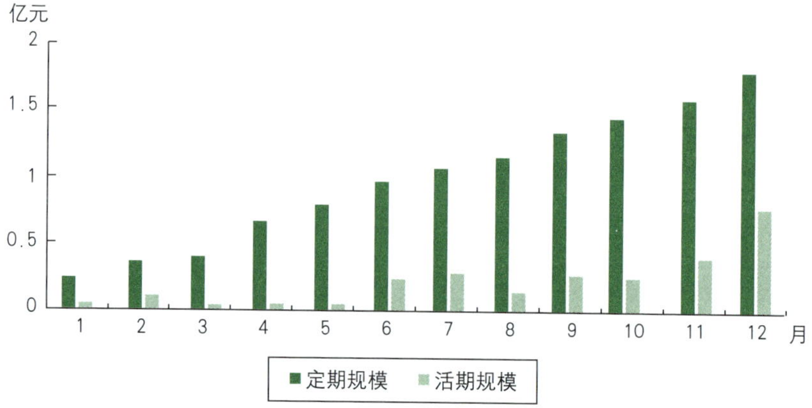

数据来源：天津市互联网金融协会。

图4-5 2018年“滨海·微银行”存款规模

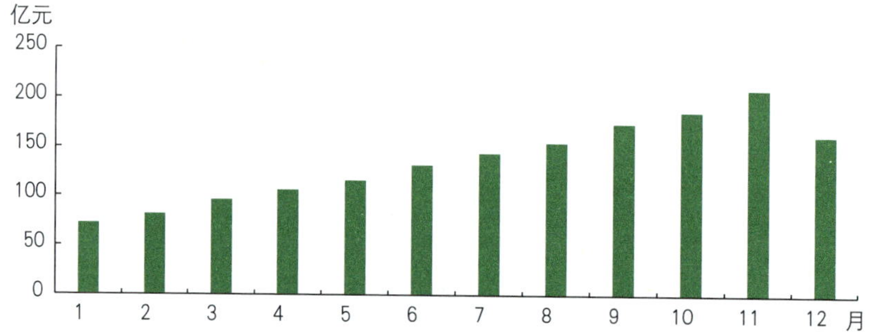

数据来源：天津市互联网金融协会。

图4-6 2018年“滨海·微银行”理财产品余额

第二节 天津市互联网直销银行面临的主要问题与挑战

一、互联网直销银行获客渠道拓展难度较大

互联网直销银行面向的客户群体较广，既能服务本行客户，也能服务他行客户，理论上能够对银行的客户拓展起到较大的积极作

用。但在实际运营中，互联网直销银行的客户拓展渠道多依赖原有的线下自有渠道，服务群体也多为本行存量客户，在非本行客户中进行业务拓展的难度较大。

其原因包括两个方面：一方面，客户在互联网直销银行开立银行Ⅱ类账户的过程中，由于天津市互联网直销银行鉴权渠道较单一，现有渠道非本行银行卡五要素鉴权通过率较低，造成没有本行卡的客户注册直销银行Ⅱ类账户的成功率较低；另一方面，天津市本土城市商业银行和农村商业银行的客户构成比例受业务范围、合作资源等因素的局限，直销银行业务的推广也因此受限。

二、互联网直销银行产品服务缺少特色

天津市互联网直销银行所提供的服务主要为金融产品销售，包括存款、货币基金、理财、直销基金、保险等。这些金融产品并没有体现出与其他渠道的差异，部分业务仅仅是直接将线下产品搬到线上销售，与本行电子银行、手机银行产品高度重合，成为电子银行产品的辅助销售渠道，没有体现出互联网直销银行的产品特色，难以发挥其自身优势。

三、个人结算账户管理的进一步规范为互联网直销银行发展带来挑战

2015年12月25日，中国人民银行发布了《关于改进个人银行账户服务　加强账户管理的通知》（银发〔2015〕392号），将个人银行结算账户按照开户方式、开户渠道、账户功能和管理要求等要素，分为Ⅰ类账户、Ⅱ类账户和Ⅲ类账户。银行体系电子账户管理的不断完善为直销银行发展带来重大利好，但在实际业务中，也为部分银行互联网直销银行发展带来挑战。

第一，天津市的银行均为中小银行，相比Ⅰ类与Ⅱ类账户可相

互认证的大型银行，中小银行的互联网直销银行账户认证流程相对烦琐，认证效率相对较低，可能导致部分客户流失。

第二，部分银行机构为丰富直销银行消费、支付场景，积极引进关乎民生缴费的业务品种，但由于Ⅱ类账户单日支付10 000元的限额，导致业务规模难以扩展。

第三，客户通过互联网直销银行贷款时，银行需将审核通过的授信资金注入客户直销银行Ⅱ类电子账户，该交易资金属于非绑定账户转入，受日累计存入额度限制，使得该渠道的贷款规模受限。

第三节　天津市互联网直销银行的发展趋势与展望

一、互联网贷款将成为互联网直销银行新的业务增长点

近两年，互联网个人贷款市场在我国获得了快速发展，并在监管部门及一系列监管规则的引导下，逐渐走向制度化、规范化。天津市部分互联网直销银行将大力推动个人互联网贷款业务发展，采用先合作、后自营的模式开展业务，力争在短期内实现贷款规模快速增长，将个人互联网贷款业务打造成直销银行业务规模和利润的增长点。

二、互联网直销银行风控机制将得到进一步优化

互联网直销银行依托互联网平台开展业务，除了传统银行面临的信用风险、流动性风险等之外，还具有独特的风险特征，这就要求其风险管理策略和方式应加以调整和创新。天津市部分互联网直销银行将通过增加生物识别、设备指纹、数字签名等技术手段，提升自身风控能力；建立反欺诈风险预警系统，针对撞库、账户盗用、异常转账、异常登录、异常注册、异常缴费、薅羊毛等情况制

定风险规则，屏蔽交易风险，保障用户的金融财产安全。

三、互联网直销银行差异化发展模式将加速形成

模糊的客户定位和同质化的产品使现阶段互联网直销银行无法鲜明地展现自身特色，削弱了其竞争能力。天津市部分互联网直销银行将跳出传统银行的思维模式，加速制定互联网直销银行差异化发展方案。例如，部分互联网直销银行将重点推动基于消费场景的小额互联网贷款，特别是带有公益性、具备普惠特征的消费场景，在为客户提供融资服务的同时，提升产品社会效益；部分互联网直销银行将加大与第三方平台的合作力度，持续完善关乎民生的日常缴费业务品种或生活服务场景，为用户提供一站式的金融生活服务。

四、外资银行、民营银行和村镇银行应积极探索直销银行业务创新

直销银行作为互联网金融时代的产物，其队伍正在不断扩大。天津市2家外资银行、1家民营银行和13家村镇银行应积极探索互联网直销银行业务创新，突破在物理网点上的短板，扩大服务范围，提高服务效率。外资银行设立直销银行应充分学习和借鉴同行业好的经验做法，运用移动互联技术，深入挖掘客户全球化的金融和生活需求，提供更多元的服务；民营银行和村镇银行应充分利用其一级法人机构决策链短、灵活快捷的优势不断创新，积极发挥服务中小、服务“三农”的市场定位，用创新思维打造属于自己风格、特色的精品直销银行产品，在竞争日益激烈的金融行业里谋求一席发展空间。

第五章
互联网证券

- 天津市互联网证券发展情况
- 天津市互联网证券面临的主要问题与挑战
- 天津市互联网证券的发展趋势与展望

全国情况 >>>

2018年，证券机构持续推进大数据、云计算、人工智能等前沿科技的应用，积极创新服务手段及方式，并逐步将科技应用由前端扩展至中后端。

2018年，在金融监管去杠杆、股权质押风险加大、外围市场大幅度回调等压力下，证券行业经营业绩有所下滑，营业收入同比下降14.47%，净利润同比下降41.04%。受行业整体业绩下滑影响，互联网证券业务规模也有所收缩，证券类APP活跃用户数量出现小幅下降，全年平均活跃用户数量约为1.1亿户。

第一节 天津市互联网证券发展情况

截至2018年末，注册地在天津市的证券机构仅有渤海证券1家，本报告所采集的数据及引用的案例主要为渤海证券的相关情况。

一、网上开户数占比持续提高

2018年，渤海证券新增开户数9 678户，其中网上开户数9 275户，同比下降29.16%（见图5-1）。开户数下降的主要原因是2018年股市行情持续低迷，市场整体赚钱效应欠佳，导致散户参与市场意愿不强。新增网上开户占全部新增开户数的比重约为96%，比上年增加16个百分点，网上开户已成为渤海证券最主要的开户渠道。

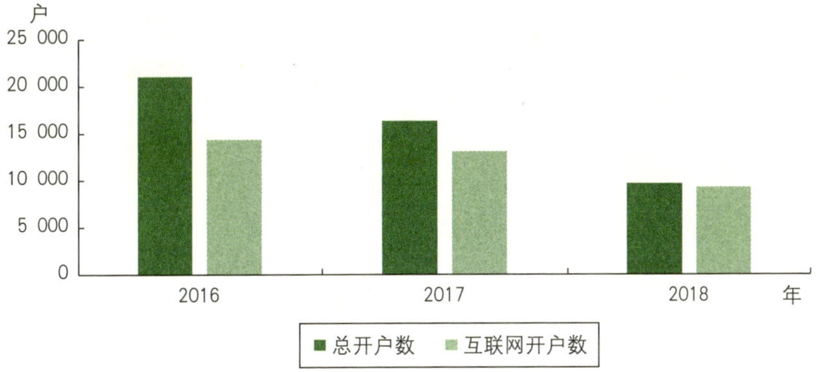

数据来源：渤海证券。

图5-1　渤海证券开户情况

二、互联网金融商城理财产品销售规模大幅提升

互联网金融商城理财产品，主要是证券公司通过公司金融商城销售的理财产品。除证券公司自身发行的资管计划、收益凭证等产品外，还包括代销信托、银行理财等产品。

2018年，渤海证券互联网金融商城累计销售金融产品约10亿元，较上年增长近6倍。行情的低迷促使投资者把更多的目光投向固定收益类的理财产品，推动互联网金融商城销售规模大幅增加。

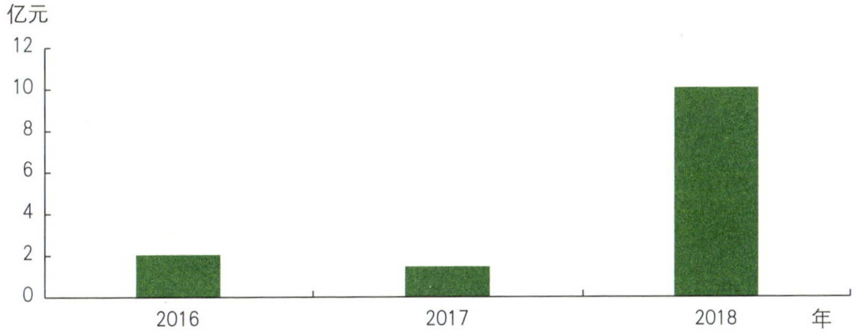

数据来源：渤海证券。

图5-2　渤海证券互联网金融商城累计销售规模

第二节 天津市互联网证券面临的主要问题与挑战

一、智能投顾功能有待进一步开发完善

传统投资顾问是一对一的人工服务，仅针对高净值人群，具有投资门槛高、管理费率高等特点，难以满足快速变化的客户群体及需求。智能投顾的出现解决了上述问题，基于投资者的投资需求及风险偏好，借助人工智能构建投资组合模型，为大众投资者提供数字化、自动化、智能化的财富管理服务。然而，目前智能投资决策系统仅停留在“自动化”层面上，远未达到“人工智能”级别，多数智能投顾平台处于人工干预的线上荐股阶段，仅是投资组合的自动筛选，千人千面的智能化服务还远未达到。

二、中小券商在与第三方平台合作中处于弱势地位

目前在证券服务类的应用中，同花顺的活跃用户遥遥领先。证券业务互联网化的进程中，第三方平台布局较早，占据主要地位。在同花顺等平台抢夺了大量用户资源之后，券商普遍意识到互联网化的重要性，开始自建互联网平台。然而，建设互联网平台需要较大资金资源和流量资源，大型券商凭借自身的实力能够自建，中小型券商只能寻求第三方平台合作，让第三方平台为其导流，导流之后用户的开户行为和交易行为还是停留在第三方平台，券商难以向用户拓展增值服务。随着佣金率持续走低，中小券商的议价能力越来越弱，只能形成佣金的恶性竞争。

第三节　天津市互联网证券的发展趋势与展望

一、加快进行数字化转型

数字化的概念包含两方面：一是将复杂多变的信息转变为可以度量的数字或数据；二是依托数字信息，制定商业模式、重构商业生态、改善用户体验、生成数字产品。目前，中信证券、国泰君安证券、广发证券、华泰证券等头部券商正在加大数字化投入，其余券商在这一轮转型浪潮中则相对落后。事实上，数字化转型并非头部券商专利，也不是高投入的金融科技，而是一种商业模式转变，借助部分外部力量同样能获得较好的效果。

二、提供差异化服务以匹配用户差异化需求

证券业需要提供的是复杂和专业的线上自助服务，这套服务对个性化要求非常高，每一位证券客户的需求是不一样的，而且同一位客户不同阶段的需求也是不一样的。现阶段，部分券商使用人工智能手段来解决用户需求。然而，人工智能还只处于发展初期，在证券领域应用的人工智能技术非常基础，有些甚至只是宣传噱头，很难获得用户信任。

解决这个问题，需要回到用户需求本身，以用户画像、投资者群体细分为基础，让细分群体能找到最顺手、最好用的工具。把竞争力建立在对用户需求的快速响应上，给予用户极致的使用体验，让用户愿意为服务埋单，只有这样，证券业才能真正遏制住佣金率下滑的趋势，实现券商差异化服务收费。

三、无界金融将是互联网证券的发展方向

科技不改金融本质，但却提升金融体系效率，重构金融业态。当前证券业金融科技已基本走完券商服务的移动化和互联网化的初级阶段。因为证券业的金融科技不具备专利性，对先行者革新的技术和产品的复制速度很快，此时比拼的更是品质力、耐久力和全业务链条的协同能力。要想坚守科技券商优势，除了在科技本身发力外，更需要紧紧围绕着客户的需求，充分运用科技手段，打通全公司业务资源，打造充分激活并无缝对接客户各类需求的科技证券服务体系。

未来，金融科技的发展方向将是无界金融，前端是线上客户端和线下营业网点无界，驱动客户价值最大化；后端是业务无界，驱动证券公司业务链价值最大化。

第六章
互联网基金销售

- 天津市互联网基金销售发展情况
- 天津市互联网基金销售面临的主要问题与挑战
- 天津市互联网基金销售的发展趋势与展望

全国情况 >>>

2018年，监管部门进一步加强对互联网基金销售行为的规范管理，出台了《关于进一步规范货币市场基金互联网销售、赎回相关服务的指导意见》，并积极采取有效措施推进《证券投资基金销售管理办法》《证券期货投资者适当性管理办法》的落实，通过抖音等渠道进行宣传的行为被叫停，蚂蚁财富等机构利用份额红包、满减红包的销售形式被明令禁止。

随着公募基金公司线上直销平台的推广应用和银行、券商代销渠道的互联网化，基金销售线上化、移动化程度将进一步加深。据统计，2018年互联网基金销售规模超过13万亿元，占公募基金销售总额的80%以上，互联网销售成为基金销售的主要渠道。

第一节　天津市互联网基金销售发展情况

截至2018年末，注册地在天津市的公募基金管理公司仅有天弘基金管理有限公司1家，本报告采集的数据和引用的案例均为天弘基金的相关情况。

截至2018年末，天弘基金资产管理规模为14 098.74亿元。其中，货币公募基金13 061.16亿元，非货币公募基金359.49亿元，专户基金678.09亿元。据银河证券统计，公募基金成立20年以来，天弘基金为持有人创造利润位列全行业第一[①]。

① 数据来源于天弘基金的持股公司君正集团2018年度报告。

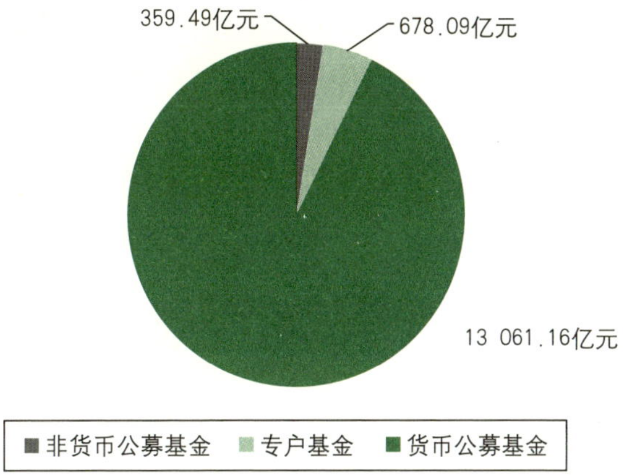

数据来源：君正集团2018年年度报告。

图6-1 天弘基金资产管理规模

一、新增网上开户数增长较快，通过第三方渠道直接开户比例逐年增加

2018年，天弘基金新增网上开户数较上年大幅增加。其中，除余额宝外，直接通过天弘基金网上新增开户数较全部新增网上开户数总体占比较小，通过第三方网上渠道开户的客户占比逐年增加，这表明后者仍是网上开户的主要渠道。

二、互联网基金销售仍以货币基金为主

2018年，天弘基金互联网基金销售产品中，货币基金总体体量仍占绝对多数，债券基金、混合型基金、股票型基金等其他基金类型虽销量略有增长，但货币基金仍然是投资者的首选互联网基金投资类型。

三、互联网直销是公司主要销售渠道

2018年，天弘基金通过互联网直销（含余额宝）的总销售额占

全部渠道基金销售总额的绝对多数，但受余额宝规模限额等影响，互联网直销比重较2015年、2016年、2017年均有所下降，整体呈小幅下降趋势。截至目前，互联网直销仍然是天弘基金互联网基金销售的主要渠道。

第二节　天津市互联网基金销售面临的主要问题与挑战

一、互联网基金销售平台产品同质化程度高

当前，公募基金公司推出的产品数量庞大，但产品类型有限、同质化程度较高。从互联网基金销售市场看，各平台仍以货币基金产品为主，债券基金和权益类基金的占比不高，各类产品的差异化程度较低，这需要整体行业不断推陈出新，洞察新需求，发展新产品，才能有效提高管理人的核心竞争力，以适应市场竞争的形势与投资者的需求。

二、互联网基金销售平台服务差异性较小

当前，互联网基金销售平台以提供简单快捷的销售服务为导向，但提供的增值服务不足，且整体服务的同质化程度较高，投资者综合体验仍有较大的提升空间。例如，除向投资者提供便利迅捷的体验之外，还需考量能否为其从互联网销售平台获取更多的定制化服务与增值体验。只有通过差异化服务吸引越来越多的投资者，全面提高客户综合体验，才能打破同质化的局面，做到独树一帜。

三、互联网基金销售规范性有待加强

近年来，随着《证券期货投资者适当性管理办法》等监管规则

的出台实施，以及监管部门对互联网基金销售行为的从严管理，各互联网基金销售平台不断规范自身销售行为、切实履行更严格的适当性义务，并在合规管理方面出现了明显进步趋势。但总体来看，互联网基金销售平台销售行为仍有待加强，部分平台存在不当销售行为，侵犯了投资者的合法权益，对市场的良性发展造成障碍。

第三节　天津市互联网基金销售的发展趋势与展望

一、互联网基金销售业务的规范化程度进一步提高

近年来，涉及业务规则、投资者适当性管理、信息技术安全保护的监管政策陆续出台，互联网基金销售业务面临日趋严格的合规要求，风险防控薄弱、“打擦边球”、违法违规销售等现象将在强监管的环境下受到有效遏制。互联网基金销售平台在销售过程中，一方面要适应激烈的市场竞争，提高销售业绩与规模；另一方面必须严守合规底线，践行投资者保护的责任。在互联网销售业务的开展中充分履行合规职责，既能有效防范风险发生，也能取信于投资者，树立公司良好形象，提高市场地位。

二、互联网基金销售服务以提升客户体验为导向

对于互联网基金销售特别是非货币基金销售而言，提升投资者的购买体验、完善投后服务、实现投资者全程陪伴，成为提高产品和服务竞争力的核心因素。一方面，机构需要培养投资者长期持有的理念，提升客户黏性；另一方面，需要强化定制化服务理念，全面提升客户体验。今后，互联网基金销售服务有待不断从售前向售后转移，并努力实现贯穿投前、投中、投后的全过程服务。

三、互联网基金销售服务将向财富管理转型

目前，互联网基金销售平台以销售货币基金为主，热销产品类型有限，服务同质化程度高，投资者多元化的资产配置需求并未得到充分的发掘和满足。同时，由于市场波动、投资者判断受限等，投资者在产品切换决策过程中也会错失较好的获利机会。未来，互联网基金销售平台不应仅满足于单纯的产品提供，还应更多地参与到用户的财富管理配置中，充分发挥管理人的专业性优势，为客户提供更多智能化的组合性资产配置服务和投资咨询服务，向互联网财富管理化的大趋势转型。

第七章 互联网消费金融

- 天津市互联网消费金融基本情况
- 从典型案例看天津市互联网消费金融发展情况
- 天津市互联网消费金融面临的主要问题与挑战
- 天津市互联网消费金融的发展趋势与展望

全国情况 >>>

随着移动互联网场景的不断扩展、居民消费习惯的改变和线上消费渗透率的不断提高，以及大量、多元的市场主体的积极涌入，互联网消费金融市场规模不断扩大。据第三方机构统计，2018年我国互联网消费金融平台放贷规模达到9.78万亿元，同比增长122.90%。

第一节 天津市互联网消费金融基本情况

目前，我国互联网消费金融行业发展迅速，特别是电商平台类的花呗和京东白条的表现尤为突出，这两个品牌在天津的认知率高达100%，使用率也均超过60%，均明显高于其他市场主体的认知度和使用率（见表7–1）。

表7–1 消费者对消费金融行业各主要品牌的认知与使用情况

公司类型	品牌	认知度		过去一年使用率	
		全国总体	天津	全国总体	天津
基数：大众消费者		N=1 500	N=51	N=1 500	N=51
持牌消费金融	捷信消费金融	65%	70%	13%	6%
	招联消费金融	68%	70%	13%	9%
	马上消费金融	58%	57%	10%	4%
非持牌消费金融	佰仟	56%	63%	10%	9%
	有用分期	52%	39%	11%	10%
互联网金融或P2P	花呗	99%	100%	72%	84%
	京东白条	95%	100%	47%	66%
	微粒贷	80%	91%	17%	13%
	宜人贷	89%	97%	20%	25%

注：1. 认知度指知道相关消费金融公司或产品的消费者人数占总受访人数的比例；

2. 过去一年使用率指在过去一年内，在相关公司有过消费记录的消费者人数占总受访人数的比例。

数据来源：捷信与益普索市场调研公司于2018年11月合作开展的在线市场调研项目成果。

在捷信消费金融公司的用户中，花呗的表现同样最佳，其认知度与使用率在全国及在天津均排名第一，且较2017年有明显提升。同属蚂蚁金服旗下的借呗排名第二，认知度与花呗基本相当，使用率则与花呗存在较大差距（见表7-2）。

表7-2 各互联网消费金融产品的认知与使用情况

公司类型	2018年				2017年			
	认知度		过去6个月使用率		认知度		曾经使用率	
	全国总体	天津	全国总体	天津	全国总体	天津	全国总体	天津
基数：捷信客户	N=1 696	N=20*	N=1 696	N=20*	N=1 225	N=42	N=1 225	N=42
花呗	83%	100%	51%	60%	61%	66%	30%	53%
借呗	78%	96%	14%	16%	48%	57%	9%	28%
京东白条	39%	60%	2%	2%	25%	27%	2%	2%
微粒贷	37%	34%	2%	0	23%	22%	1%	3%

注：1. 认知度指知道相关消费金融产品的消费者人数占总受访人数的比例；

2. 过去6个月使用率指在过去6个月内，在相关公司有过消费记录的消费者人数占总受访人数的比例；

3. 曾经使用率指曾经在相关公司有过消费记录的消费者人数占总受访人数的比例；

4. *代表样本量少于30，数据仅供参考。

数据来源：2018年数据来自2018年全年捷信用户满意度调研项目（项目执行时间为2018年7月和2019年1月）；2017年数据来自2017年上半年捷信用户满意度调研项目（项目执行时间为2017年7月）。

第二节 从典型案例看天津市互联网消费金融发展情况

天津市互联网消费金融从业机构可以分为四类：一是商业银行，通过APP提供互联网消费贷款；二是持牌消费金融公司，通过APP或与线上商家合作提供消费金融服务；三是行业巨头旗下的互联网金融公司，通过线上购物平台提供如白条、借呗等消费信贷服务；四是其他类型的企业，如P2P借贷平台等，提供消费金融服务。现以捷信消费金融公司（以下简称捷信）为例进行调研。

2018年，捷信在综合考虑了线上客群特点、风控指标、获客成本和外部环境等多方面因素的基础上，对线上产品设计进行了重新调整，收窄并严格管控线上获客渠道，进一步加强客户身份识别和风险审核，以更好地实现风险控制和业务规模的良性发展。同时，捷信发挥线下渠道的布局优势，采取线上线下（O2O）相结合的方式进行获客与风控，以实现业务的整体稳定发展。

目前，捷信共有三款信贷产品通过互联网渠道办理，分别为捷信超贷（面向新客户的消费贷产品）、捷信惠购（循环额度产品，可满足消费者对于高频低额的日常消费场景的信贷需求）和捷信消费贷产品线上申请部分（面向现有客户的消费贷产品）。三款线上产品满足了消费者多样化的消费信贷需求，更由于审核快、授信灵活等特点满足了消费者的即时和潜在需求。同时，在消费场景上既涵盖了日常消费品类传统消费场景，也满足了家装、培训、旅游、健康等新兴消费领域的需求。公司在风险可控的前提下依据每款产品风险定价，积极稳妥地推进线上业务发展。

2018年，捷信在天津的线上业务新增客户数量接近2 800人，累计贷款金额超过5 800万元，平均首期30天逾期率为0.87%（见表7-3）。2018年，捷信的新增客户数量及贷款金额均呈现递增趋势，特别是2018年10月捷信惠购上线后，客户数量与贷款金额均有明显提升；逾期率则呈现波动态势，并在2018年7月起出现明显下降，这是由于捷信对线上产品进行了重新调整，收窄了线上获客渠道，同时采用了风险定价的原则。

表7-3　　2018年捷信在天津的线上业务发展情况

月份	客户数量（人）	贷款金额（百万元）	逾期率（%）
2018-01	33	0.65	0.00
2018-02	36	0.82	0.00
2018-03	52	1.13	2.08

续表

月份	客户数量（人）	贷款金额（百万元）	逾期率（%）
2018-04	134	2.51	0.08
2018-05	180	3.75	2.44
2018-06	175	4.21	2.13
2018-07	220	5.76	0.88
2018-08	286	6.26	0.34
2018-09	291	5.93	0.40
2018-10	416	8.62	1.47
2018-11	447	9.31	0.44
2018-12	514	9.51	0.40
全年	2 784	58.46	0.87

注：逾期率为首期逾期30天的占比情况。
数据来源：捷信。

从服务对象上看，捷信线上业务服务的客户群主要为18~34岁的年轻人群，占到总体用户的69%，天津的客户群体更偏年轻，18~34岁的年轻人群占到76%。用户收入水平方面，捷信线上业务主要服务于中低收入人群，月收入在6 000元以下的用户占到56%，天津的客户群体中月收入6 000元以下的用户占到天津总体用户的64%（见表7-4）。

表7-4　捷信线上平台用户特征

单位：%

		全国总体	天津
性别	男	47	52
	女	53	48
年龄	18~24岁	24	27
	25~29岁	25	29
	30~34岁	20	20
	35~39岁	12	11
	40岁以上	19	13

续表

		全国总体	天津
个人月收入	小于3 000元	7	6
	3 001~4 000元	11	12
	4 001~5 000元	21	27
	5 001~6 000元	16	19
	6 001~7 000元	9	7
	7 001~8 000元	14	11
	8 001~9 000元	4	3
	9 001~10 000元	7	6
	10 000元以上	11	9

注：捷信线上平台用户指在2018年1~12月期间申请捷信线上贷款产品的消费者。
数据来源：捷信。

从贷款目的来看，捷信线上平台用户的贷款用途主要包括家庭装修、日用品（食品、洗护用品等）、家用电器、手机数码产品、旅游等领域（见表7–5）。

表7–5　　捷信线上平台用户的贷款用途

单位：%

贷款目的	天津
家庭装修	34.3
日用品（食品、洗护用品等）	13.3
家用电器	12.8
手机数码	9.9
旅游度假	8.3
教育培训	4.9
租房自住	4.2
家具家居	3.4
医疗美容	3.4
摩托车/电动自行车/三轮车	1.6
其他	3.9

数据来源：捷信。

第三节　天津市互联网消费金融面临的主要问题与挑战

一、互联网消费金融市场主体规范性不足

目前我国互联网消费金融行业发展尤为迅速，呈现竞争主体多元化、竞争程度激烈化的态势。市场参与主体的增多对于满足居民消费需求、挖掘市场潜力和打造个性化、定制化金融产品具有益处，但大量主体的跑步进入也导致行业规范度急剧下降、行业风险陡增，不仅损害了消费金融市场的健康发展，更容易对消费者权益构成侵害。此外，不同的市场主体虽然从事着相同的消费金融业务，但是监管主体却不一致，行业最低准入标准尚不统一，不利于对互联网消费金融市场进行规范。

二、互联网消费金融产品同质化严重

按照是否具有场景来划分，互联网消费金融产品集中在两类：现金贷产品与场景分期产品。

现金贷产品大同小异，产品设计与管理类似，差异仅表现在综合利率上。电商平台类消费金融机构具有风控优势、场景优势、技术优势等，其综合利率相对较低；垂直分期平台类消费金融机构具有垂直分期的场景优势，综合利率处于居中水平；网络借贷平台类消费金融机构既缺乏场景优势，又欠缺技术等方面优势，秉承着“高风险、高收益”的原则，其综合放贷利率水平相对较高。

场景分期产品高度同质化。消费金融机构产品主要扎堆集中在3C（计算机、通信、消费电子）场景，导致某些场景领域竞争过度，但是某些亟待推广的场景如农村消费场景、蓝领消费场景等领域却较为稀缺。

三、消费者综合资金成本仍然偏高

互联网消费金融以线上业务为主，主要面向习惯于使用互联网购物的年轻群体，线上审批采用对客户资料、消费数据、网上消费习惯、购物行为信息等进行交叉验证的方式，审批速度快，消费者应用便捷性较高。但从使用成本来看，互联网消费金融的综合资金成本远高于一般银行贷款。

第四节　天津市互联网消费金融的发展趋势与展望

一、监管与行业自律的有机结合促进互联网消费金融发展趋良趋优

随着各项监管政策逐步出台，互联网消费金融将进入深度合规整改阶段。无牌照、无资质机构将无法开展互联网消费金融业务，不合规的开展方式将被剥离。业务合规开展、风控模型改善、风控更加严格将成为机构主攻方向。互联网消费金融机构将进一步降低消费者综合资金成本、规范贷后催收管理、深耕已有优质客户，为消费者提供更加个人化、人性化的服务。2018年10月，中国银行业协会消费金融专业委员会正式成立，作为中国银行业协会领导下的行业自律组织，其在引领提升行业自律性、鼓励有序竞争、规范消费金融市场发展等方面的作用可期。

二、融合线上线下的多渠道服务模式将成为主流

随着“互联网+”理念的不断拓展，融合“线上服务+线下服务”、发展“互联网+”消费金融，将是互联网消费金融未来一段时期的重点发展方向。

互联网消费金融机构借助多年积累的线下优势，发展线上线下相结合的多渠道服务模式、扩展消费场景，将为机构带来新的利润增长点。如在手机和家电消费方面，互联网消费金融机构可通过加大与手机制造商、电器制造商和移动运营商的合作，使线上和线下市场通过分期付款购买手机或家电的规模占比持续增长。

三、信用体系等基础设施的不断完善将为互联网消费金融提供更加广阔的发展空间

近年来，党和国家对信用体系建设的重视程度不断提高，采取积极措施推动社会信用体系建设，各级各部门推进信用体系建设的制度措施不断出台，社会各领域对失信行为的惩戒力度不断加大，各类信息共享等基础设施得到持续完善。

2018年3月19日，中国互联网金融协会及8 家市场机构共同发起组建的市场化个人征信机构百行征信成立，通过金融科技手段支持多元民营征信机构的发展，形成对中央银行征信的有效补充机制，有望为互联网消费金融的业务拓展和风控管理提供有效支持。

专栏

我国互联网消费金融行业的市场主体

基于不同消费金融服务客群及场景的分布，消费金融市场参与者主要分为三类：商业银行、消费金融公司和互联网消费金融机构（见表7-6）。

表7–6　基于不同服务客群及场景的消费金融矩阵分析

消费金融细分市场服务能力	商业银行	消费金融公司		互联网消费金融公司		
主要特征	银行系	银行系	产业系	互联网系		
				电商平台	分期购物平台	P2P/网络借贷平台
典型公司代表	招商银行	兴业消费金融	苏宁消费金融	蚂蚁金服	乐信集团	现金巴士
拥有中央银行征信记录人群信用等级	5	3	2	4	2	2

注：1.拥有中央银行征信记录人群约3.8亿人，其中拥有信用卡人群约2亿人。
2.表中1~5表示信用等级，1等级最低，5等级最高。
资料来源：清华大学中国经济思想与实践研究院。

互联网消费金融机构分为电商平台、垂直分期购物平台、网络借贷平台三类，其特征如下：

（1）电商平台：依托自有线上消费场景，面向自营商品及开放电商平台商户的商品，提供分期购物及小额消费贷款服务，如花呗、借呗和京东白条；其在互联网金融、网络消费场景、用户大数据等领域，均具有较明显的优势，故而在细分的互联网消费金融领域中，其综合竞争力也最强，引领互联网消费金融市场的发展趋势。

（2）垂直分期购物平台：是对互联网巨头在细分领域布局缺口的垂直深耕，针对特定的消费场景或消费人群，将注意力放在消费金融产品设计上，市场定位更加精准，提供更加精细化的产品，与综合电商平台进行差异化经营。切入垂直细分领域是近年来消费金融的发展趋势，众多垂直分期购物平台消费金融机构从某细分领域做起，在时空上延展服务场景，不断渗透到房产后市场、汽车后市场、结婚、培训等场景，提供综合消费金融服务，具体如趣店、乐信集团的分期乐等。

（3）网络借贷平台：包括个体网络借贷（P2P）和网络小

额贷款。P2P是指个体和个体之间通过互联网平台实现的直接借贷。网络小额贷款是指互联网企业通过其控制的小额贷款公司，利用互联网向客户提供的小额贷款，如宜人贷、二三四五、现金巴士、闪银等。

不同互联网消费金融模式在客群覆盖、审批模式、资金来源方面有着不同的特点（见表7-7）。

表7-7　互联网消费金融服务主体特点比较

服务主体	电商平台	垂直分期购物平台	网络借贷平台
金融业务牌照	暂无金融牌照，有些申请互联网小贷牌照	暂无金融牌照，大型分期平台会申请互联网小贷牌照	暂无金融牌照，银保监会对P2P实施备案管理
企业性质	非金融机构	非金融机构	类金融机构
监管机构	暂无明确的金融监管部门	暂无明确的金融监管部门	主要是地方金融办监管
营业地域范围	全国	全国	全国
服务对象	主要是网购用户群、商户等	针对性的用户覆盖，垂直化深耕。当前的分期客户平台多面向大学生、白领	主要在长尾用户的中低收入人群
贷款期限	30天免息期，还款期限	一般无免息期，还款期限3~24个月	无免息期，还款期限1~36个月
征信	利用大数据积累探索征信业务，审核授信过程在线上	利用大数据探索征信业务	审核授信主要在线上
优势	（1）天然具有场景优势和高黏性客户群；（2）和电商主营业务有机结合、良性互动；（3）致力于在征信、支付、理财等领域布局，与消费金融形成协同，搭建为消费+金融生态圈	（1）垂直化发展，面向特定群体深挖消费需求；（2）审批效率较高，业务模式灵活；（3）互联网创新意识比较强	（1）业务模式比较灵活；（2）互联网思维比较强；（3）创业氛围，创新意识比较强烈
劣势	（1）同业竞争比较激烈，客户和流量资源主要垄断在少数巨头手中；（2）未接入中央银行征信系统，征信体系搭建耗费大量财力物力；（3）金融属性还需加强	（1）营销方式比较侧重地面团队，成本效率较低；（2）不太具有消费场景，因此必须要与电商平台深度合作；（3）未接入中央银行征信系统，风控模式简单粗放	（1）监管加强，资金匹配程度将有所提高，行业面临洗牌；（2）资金成本高，贷款利率高；（3）缺乏相关的消费场景

资料来源：清华大学中国经济思想与实践研究院。

第二部分

天津市互联网金融发展典型案例选编

服务实体经济　引领行业发展　赋能生态用户

天津金融资产交易所有限责任公司

天津金融资产交易所有限责任公司（以下简称天金所）是天津市政府与中国长城资产管理公司在2009年12月28日签署的战略合作协议基础上，由中国长城资产管理公司和天津产权交易中心共同出资组建，于2010年5月21日注册成立的中国第一家全国性金融资产交易平台。

2015年，天金所完成增资引战工作，在原有股东中国长城资产管理公司和天津产权交易中心的基础上，成功引进浙江蚂蚁小微金融服务集团有限公司、中国东方资产管理公司和中信信托有限责任公司。

在各级政府和股东单位的大力支持下，天金所坚持审慎稳健经营，严格依法依规开展业务，开业至今未出现一起不可控的风险事件。截至目前，天金所共与3 000多家金融机构建立合作关系；拥有机构会员超过50万家、个人注册投资者超过500万名；为中小企业直接融资规模超过2.5万亿元。

天金所作为我国第一家金融资产交易所，诞生于特定的历史背景之下，担负着优化金融资产配置、防范金融资产交易风险等重要历史使命，“十年磨一剑”，追寻“直接融资　信用天下”的初心和使命，矢志不渝。

十年里，有对不良资产主业的不懈深耕，也有对创新金融服务领域的持续探索；有对国家战略的认真落实，也有对行业使命的责任担当；有对生态伙伴的价值赋能，也有对员工利益和社会责任的关切……新时代，天金所以“生态空间”为新起点，从心开始，再出发。

一、深耕不良资产交易，引领行业走向规范化

2010年5月21日，天金所注册成立。这是我国第一家根据财政部相关批复精神经天津市人民政府批准设立的全国性金融资产交易机构。同年，天津金融资产登记结算公司（以下简称天金登）蓄势起航，成为继中证登和中债登之后注册成立的国内第三家专业性的登记结算机构，担负起为资产交易保驾护航的重要使命。

一套规范完整、编制严谨、市场认可的交易规则是金融资产交易顺利开展的重要基础和保障。天金所作为我国第一家公司制金融资产交易所，主动担起促进行业健康、规范发展的责任，制定了《不良资产交易规则》及系列业务规则，填补了行业空白。这些业务规则、标准、规范等被业界广泛认可和采纳，成为行业标准和范本。在完善的规则引领之下，天金所在设立全国统一不良资产处置交易平台方面具备独特优势，可以为不良资产及其他各类债权资产交易提供一站式服务，打造全国统一的不良资产信息展示和交易平台。

天金所不仅在不良资产业务领域形成了一套成熟的市场规则，还创造了“不良资产结构化交易”“一键助拍”“不良资产结构化配置”等多项行业领先服务模式，打通线上、线下渠道，为客户提供精准高效的营销服务，持续发挥专业不良资产交易平台的优势。历经数月潜心研发，天金所统一会员系统和资产信息撮合系统在2018年7月实现全新升级，助力各类会员在平台上获得更为便利化、精准化的交易服务。

除了苦练内功，增强创新服务能力，天金所还持续构建“金融资产交易生态”体系，锁定“共创平台、共建生态、共享资源”战

略目标，与中国长城、东方、信达、华融四大资产管理公司，各类金融机构、中介服务机构等开展深度合作，与行业各方携手推动不良资产行业走向新时代。

越来越多的合作伙伴和行业机构聚集在天金所这个大平台之上，依托专业化的投资平台，从市场中获取持续稳定的资金供给和先进的行业技术，形成市场化、多元化的处置能力，进而在更广阔的领域内实现资源的优化配置，天金所全国性、专业化、独立公开市场的优越性也愈加凸显出来。

天金所自成立以来，不良金融资产交易余额超过5 000亿元，有2 000余家专业的不良资产投资机构、千余家中间服务机构在天金所平台上开展业务。天金所已经成为国内高度集中、专业、安全、透明和权威的不良金融资产交易市场。

不良资产交易不是一般资产的买卖，是对特殊资产价值的重新发现和重组，需要更多的专业支持、技术支持及必要的资金支持。更重要的是，不良资产需要在公开市场进行更为充分的信息披露，以实现在全国范围内各细分领域的精准营销，从而进一步加快其价值流转、价值变现，更好地服务于国家产业政策落地的目标，优化金融资产配置。

二、科技为金融赋能，助力服务实体经济

交易所的发展离不开对创新的坚持，交易所的发展也得益于对创新的坚持。创立之初，天金所就确立了“坚持以金融创新引领交易所发展，以技术创新支撑交易所发展”的理念，并将“创新、创业、创造，共创、共建、共享”作为公司的文化符号，不断宣贯，历久弥新。

创新让天金所斩获了行业内多项殊荣。天金所是我国第一家通过ISO 9001认证的交易机构，也是第一家获得国家高新技术企业认证

的交易机构，还获得中国电子商务协会颁发的“中国金融资产电子交易创新奖”等多项荣誉。

创新让天金所的产品线不断丰富。目前，天金所开发了权益类、产品类及信贷资产流转类、创新类、直销类、登记结算类五大产品线，并在产品创新上不断拓展，满足不断变化的市场需求。

在供应链金融服务领域，天金所创造性地提出了“双保理”模式，可以一站式解决基于核心企业上下游中小企业的痛点。对于供应链上核心点的大企业，往往存在资产负债率高、应收账款周转率低的状况，“双保理”模式可在不增加核心企业成本和工作量的同时，降低企业负债率，降低企业应收账款的额度，同时为企业提供新的利润增长点。

此外，该模式还可以增加上下游企业的服务能力，培育良好的生态核心圈。供应链链条上的大量中小企业，往往会面临被核心企业占压资金又难以从传统金融机构获取融资等困境，通过“双保理”业务流程的运作，这类企业可加速资金回笼，解决融资难题。

在金融科技领域，2018年，天金所不仅成立了金融科技研究院，深度研究最新金融科技的应用和转化，还与恒生电子强强联合，研发落地了全国首款区块链收益分享智能合约产品。

这款区块链收益分享智能合约产品的研发成功，标志着国内融合区块链等最新技术的供应链金融服务、产品创新进入新阶段，标志着国内首个区块链技术在金融交易所行业的应用场景落地。该产品的推出将为中小微企业缓解融资困境带来突破性的解决方案，让最新金融科技在助推金融服务实体经济的路上再添新力。

服务实体经济既是金融的出发点也是落脚点，更是初心所在，但目前金融服务和产品的迭代远远没有跟上实体经济的步伐，因此，坚持创新就成为必不可少的功课，这种创新是对合规底线的坚守，是对既往服务模式的迭代升级，是对最新技术手段的充分运用，是基于客户需求的精准匹配，更是对金融服务实体经济发展初心的践行。

三、运营生态空间，提升用户信用价值

用户是天金所最宝贵的财富，为用户构建良好的生态和优质的运营服务也是天金所的重要目标。历经多年发展，目前，天金所已经与近3 000家各类金融机构开展了合作，拥有50万家机构客户和500余万名个人投资者。通过交易所“生态空间”的开放共享，可以让用户与更多的金融资源对接，与金融大市场实现平台链接、信用链接、价值链接，最终实现共同发展。

为了更好地构建生态体系，天金所将2018年定位为“生态年”，并着力打造了如下五大战略生态联盟：

一是不良资产结构化交易联盟。该联盟致力于解决以银行为代表的传统金融机构不良贷款的处理，为不良金融资产投资机构提供融资方案。该联盟的成立改变了各类不良资产交易平台通道的价值，联盟最为核心的价值是通过资产交易为不良金融资产提供市场化定价机制，把个性化不良金融资产转化为标准化的流动性强的投资项目，即金融定价产品，利用市场机制实现资产和资源的优化配置，标志着不良资产处置正式进入“3.0时代”。

二是企业破产重整联盟。该联盟致力于解决破产重组企业与专业服务团队对接问题，克服信息闭塞和不对称等难点与问题，帮助破产重组项目方对接优质的外部资金，将市场上大量愿意参与重组的资金匹配到合适的项目或企业。

三是信用生态联盟。该联盟由资产供给端、资金提供端、风险资产管理处置端及多元服务机构等多主体共同参与运行，旨在深度挖掘和发挥信用在担保、增信等方面的潜力和作用，按照信用的规则进行交易，实现信用融资、信用交易、信用产品、信用交换等功能，进而净化金融环境，转化信用价值，打造诚信交易环境，解决

中小企业融资难题。

四是“招商天下”联盟。为实现政府与企业的精准对接，提高招商效率，降低招商成本，天金所牵头打造大型招商引资专业运营服务平台——“招商天下”联盟，希望通过创新模式，打造招商引资专业运营服务平台，为招商引资提供全流程、一揽子、管家式的服务，破解招商掣肘难题。

五是PPP生态联盟。天金所与财政部政府和社会资本合作中心合作成立了我国首家政府和社会资本合作（PPP）资产交易和管理平台，希望通过平台的力量，打破信息壁垒，畅通PPP全流程所涉及的信息流、资金流等，为PPP项目融资落地提供便利，探索规范PPP项目退出的标准和方式，助力国家PPP改革目标的实现。

为进一步提升用户体验，升级专业服务，天金所在2019年进一步对生态平台进行了全方位升级。2019年1月，汇聚服务用户的共享空间、用户空间、运营空间和支持空间在内的天金所、天金登“生态空间”正式上线。天金所、天金登正式迈入由销售驱动型向运营驱动型转变发展的新阶段，即空间时代。生态空间将在500余万会员之间构建起多方信任的交易空间，提升交易活跃性，充分释放资产的流动性。空间战略的实施，标志着天金所在赋能用户价值提升和在引领行业发展的路上又迈进了一步。

面对国际国内复杂多变的经济形势、金融领域日新月异的发展态势，天金所用“十年磨一剑”的精神，坚守初心，追求卓越，审时度势，坚持创新，与国家战略同频共振，以助推行业规范发展为己任，以满足用户需求为核心，不断修炼内功、提升专业水平和服务能力，朝着“直接融资 信用天下”的愿景而不断迈进。

助力乡村振兴战略实施
持续推进农村普惠金融创新及产业发展

宜信惠琮国际融资租赁有限公司

宜信惠琮国际融资租赁有限公司（以下简称宜信租赁）于2012年成立，是经商务部批准成立的中国第一家专注为小微企业和个人消费者提供服务的融资租赁公司，隶属中国知名的普惠金融、财富管理及互联网金融企业——宜信公司。

宜信租赁产品定位于农业装备行业、乘用车行业、城市连锁消费行业的金融服务及全产业链融资解决方案，立足小微，服务农户、工薪阶层和小微企业主群体，可为设备生产商、代理商和终端用户提供直接融资租赁、售后回租融资租赁、委托租赁投资等一揽子融资租赁解决方案，以标准化的小额租赁产品、创新的业务模式，满足小微人群的设备融资需求。

近年来，不同背景的市场参与者投身农村金融蓝海，包含产业集团、金融科技企业在内的众多金融力量均在寻找适合自身的路径进行渗透。但从市场规律看，这种渗透至少需要满足三个前提：第一，服务的是农民比较普遍但未被覆盖的资金需求；第二，对规模化生产和农业转型升级有促进价值；第三，不良可控、收入能够覆盖成本，商业模式具有可持续性。

自党的十九大首次提出乡村振兴战略以来，国家陆续出台相关惠农政策，对金融如何更好服务乡村振兴给出诸多意见与建议。2019年2月，人民银行、银保监会、证监会、财政部、农业农村部联合印发的《关于金融服务乡村振兴的指导意见》明确指出，鼓励企业和农户通过融资租赁业务，解决农业大型机械、生产设备、加工设备购置更新资金不足问题。基于上述前提，相关机构进行了多样化探索。

作为专注服务“三农”的融资租赁企业，宜信租赁深切感受到国家对融资租赁模式的鼓励和支持，多年来积极推进农业全产业链农机融资租赁、奶牛活体租赁等创新服务方式，支持适度规模化的各类农业经营主体、家庭牧场转型升级和机械化发展。基于多年“三农”领域实践，依托宜信强大的金融科技能力，宜信租赁充分运用大数据、云计算等金融科技手段搭建完成了“种植客户数据识别及决策模型”“农机客户数据识别及决策模型”“牧场经营数据识别及决策模型”服务农业细分领域的三大金融数字化模型，持续推进农村普惠金融创新，为乡村振兴战略实施贡献力量。

一、创新升级“三农”服务内容

为更好支持“三农”实体经济发展，宜信租赁紧紧围绕“三农”发展的重要趋势和切实需求，在农村普惠金融领域做深入探索和实践，形成了多样化、不断创新升级的服务内容。

在土地集约化发展的大势下，农业机械化程度不断提高，农户对高性能农机设备的需求和购机资金短缺之间的矛盾尤为突出，农民买不起农机的现象较为普遍，因而迫切需要通过创新的金融模式、多样化的融资渠道来解决购机难题。宜信租赁于2012年起率先在农业机械行业开展面向农民的农机融资租赁业务，与农机生产厂家、经销商合作，将租赁模式引入农机领域，帮助农民以较少的首付资金更便捷地购买所需农机，提供有别于传统金融机构的融资服务。

面对智能农业的发展趋势和未来巨大的成长空间，宜信租赁开启了试点区域，为规模种植农户、合作社等群体提供农机自动驾驶系统、植保无人机等融资租赁业务。在试点过程中，宜信租赁不仅助力了智能农业机械的应用，还通过先进智能设备，为农户提供对播种、插秧、植保、收割、翻耕、秸秆还田等机械化作业环节中数据的采集、自动化处理、统计分析等服务。

截至目前，宜信租赁的农机融资租赁服务覆盖了14大类180种农业机械设备，如拖拉机、青贮机、玉米收割机、小麦联合收割机、播种机械、耕整地机械、喷灌设备等，基本覆盖了从田间到餐桌的农业全产业链的机械设备，全面助力农业各领域的全程机械化发展，支持农机装备转型升级。

宜信租赁根据多年实践总结认为，服务“三农”需要更多关注与创新想法。多年来，我国奶业规模化、标准化、机械化、组织化水平大幅提升，但也存在产品供需结构不平衡、产业竞争力不强等突出问题。在开展农机融资租赁业务过程中，针对一些家庭牧场转型升级、扩大规模、购买牛只等融资需求，宜信租赁预判奶牛养殖业将从散养、寄养向规模化、公司化养殖转型升级。在深度剖析行业和严谨设计模式的基础上，宜信租赁于2015年在全国首开奶牛活体租赁业务先河，将泌乳期奶牛作为租赁标的物，创新性地为家庭牧场转型升级提供农村普惠金融服务支持。服务至今，宜信租赁已为全国300多家庭牧场提供支持，实现了对奶业主要省份的全面覆盖。同时，宜信租赁还积极加入各省奶业协会，面向奶农开展对标优秀牧场的经营管理经验的分享，并提供便捷金融服务，大力支持中国奶业做强做大。

为推动小农户与现代农业的有机衔接，宜信租赁在推进农村普惠金融业务的同时，还积极向种植户推荐智能化种植管理SaaS应用“慧种地”。目前我国大部分种植主体仍然以经验种植为主，缺乏科学的种植规划和管理，伴随农业集约化发展，小农户要发展成种植大户，就要解决“应该种什么？怎么种？如何打通销路赚到钱？”的问题，根据这个思路，宜信联合中农集团等合作伙伴成立了中农普惠金服科技股份有限公司（以下简称中农普惠）。中农普惠“慧种地”SaaS系统不但能够帮助种植户清晰分析种植所需各项资源，包括种子、肥料、人工等，还能对资源进行科学有效的整合和配置。根据农作物的生产周期、产出状况、库存容量、出库能力、下游销售能力等数据，“慧种地”系统能够帮助种植户优化种植的时间、数量、区域等决策内容，在有效控制成本的同时，通过合理排产、高效沟通等精细化管控措施，科学有序地提升生产收益。

二、创新推出农业数字化应用

为更好更快满足乡村振兴多样化的金融需求，宜信租赁先后推出了“种植客户数据识别及决策模型”“农机客户数据识别及决策模型”“牧场经营数据识别及决策模型”服务农业细分领域的三大金融数字化应用，实现了农村普惠金融快速、精准服务，还给农户带来很多能力建设上的帮助。

针对中国农业区域性特征，宜信租赁建立“种植客户数据识别及决策模型”，辅助业务开展。在农机融资租赁领域，宜信租赁服务的农户绝大部分是基于种植进行农业生产工作，种植作物品类极为广泛。众所周知，中国地域差异明显，同种作物在不同地区也会面临一年一季、两年三季等差异。农业地区性、季节性、风险性变量都将直接影响金融机构对农户的收入水平、还款能力的判断。通过业务中积累的农户收入水平、种植面积等影响客户还款能力和信用状况的核心指标数据，宜信租赁搭建了“种植客户数据识别和决策模型”，可以在业务合作开展前，快速、高效地判断能给农户提供什么样的金融服务。

随着土地使用集约化和农机合作社纷纷成立的趋势，农机作为生产设备，已突破了“自用自产”的范围，宜信租赁建立的第二类数字应用就是“农机客户数据识别及决策模型”。经过近7年的业务开展，宜信租赁发现越来越多农户购买农机后，投身于农业生产服务，即通过组成农机合作社、生产托管组织等来为其他种植主体提供农机作业服务。基于从耕、种、管、收、烘干、储藏到粮食加工等14大类180种多元农机设备指标，宜信租赁搭建了“农机客户数据识别及决策模型”，用于快速评估客户的经营还款能力，及时判断是否满足农户购买农机的实际需求。

在奶牛活体租赁领域，伴随近年来奶牛场的机械化、信息化、智能化装备和关键技术的快速推广应用，宜信租赁在对畜牧行业的了解和数据积累基础上，将“经验”及“牧场管理行为数据”转化为“牧场经营数据识别及决策模型”，目前已经形成全国最大的牧场行业金融数据库及大数据风控模型，在客户提出申请时，帮助其快速、精准地作出决策。

基于此数据库，宜信租赁形成了核心优势，如给用户提供对标优秀牧场的管理数据及经验的咨询服务。宜信租赁积累了大量行业数据，可为牧场提供行业优秀经营水平方面的管理咨询服务，如优质牧场的日均单产、平均奶价、泌乳牛占比以及净利润率等核心指标数据及行业趋势，全面提高牧场规模化、现代化养殖水平，促进转型升级及长远发展。河北唐山的兴旺牧场（化名）是宜信租赁众多牧场客户中的一个，首次合作时还是一个微型牧场。对于牧场的未来发展及转型升级，宜信租赁对标数据库中优秀牧场的发展成长，给了牧场主很多建议，并在他有机会扩大发展时，向其提供方便快捷的融资租赁服务，帮兴旺牧场实现了跨越式发展。兴旺牧场于2017年2月、9月，2018年5月先后三次面对收购其他牧场奶牛的机会，但每次都有不少竞争者，兴旺牧场三次均选择从宜信租赁融资，累计融资额为600万元，因资金到位及时，每次都如愿以偿地买到优质奶牛。几次合作后，兴旺牧场奶牛存栏数量增长41%，其中泌乳牛从161头增长到366头，占比高达60%，增幅为127%，日均产奶量也由5吨增长到11吨，增幅达120%，为牧场带来丰厚的经济效益，为持续扩大发展奠定了坚实的基础。

三、创新支持农业产业发展

宜信租赁的业务实践与“三农”实体经济发展深度融合，鼎力支持农业细分产业领域做强做大，在奶业、玉米、马铃薯、甘蔗等重要领域均进行了农村普惠金融支持产业发展的重要实践并获多方认可。

在东北、华北、西北等主粮作物集中产区，宜信租赁积极通过融资租赁方式，帮助农机合作社、农业种植大户提升机械化作业、收获水平。为支持马铃薯主粮化战略的实施，宜信租赁也深入马铃薯产业发展浪潮中，为马铃薯种植大户、农业生产性服务组织提供方便、快捷的马铃薯全产业链农业机械融资租赁服务，帮助他们实现马铃薯耕、种、收全程机械化发展。在全国马铃薯主产区，宜信租赁的服务基本实现了全面覆盖。

尤其是河北沽源、内蒙古乌兰察布等马铃薯规模化种植优势产区，宜信租赁的服务尤为深入。在河北沽源宏达农机公司董事长孟金龙的马铃薯种植基地上，350米长的“指针式喷灌机”一字排开，供给着附近500亩土地的用水。从最开始的300亩发展到现在的5 000亩，孟金龙亲身经历了马铃薯从手工种植到全程机械化生产的全过程，成为近几年沽源县马铃薯种植规模化发展的见证者和亲历者。随着规模化种植渐成趋势，农户所需机械动力逐渐增大，机械种类也越来越全。2013年，孟金龙结识了宜信租赁，知道了比赊销更好的解决农户购买农机资金短缺难题的融资租赁模式。4年来，通过宜信租赁的服务，沽源县超过200名农户及时购置到了农机具，加快了马铃薯全程机械化的步伐。

在广西甘蔗“双高”基地，宜信租赁积极通过融资租赁方式帮助甘蔗种植户提升机械化作业、收获水平。作为我国食糖战略安全的主屏障，广西肩负国家食糖安全战略和地区经济社会发展的多重使命，核心要务之一就是实现甘蔗种植收割的全面机械化。然而，现实中动辄几十万元甚至上百万元的农机设备，让农民望而生畏。在这种情况下，宜信租赁的农机融资租赁模式有效填补了当地普惠金融服务的空白。截至2018年底，近400个甘蔗农户在宜信租赁的帮助下，成功购买大型农机设备，机械化带来的便利让越来越多的合作社、蔗农看到了希望，尝到了甜头。

基于深耕“三农”领域多年的优秀实践，2018年5月，宜信租赁受邀加入由农业农村部农村合作经济指导司主管、农民日报社牵头创立的“中国农业生产性服务业联盟”，并成为联盟发起单位和理事单位，全面支持适度规模化的各类农业生产性服务组织、农业经营主体的现代化发展。此外，宜信租赁的农村普惠金融业务还获得银行、资本市场等的普遍认可，交易所市场首单惠农租赁类ABS“中银渤海—宜信租赁一期资产支持专项计划”成功设立，支持农业机械化发展，助力宜信租赁农村普惠金融创新。

面向未来，宜信租赁将持续优化服务，扩大创新范畴，支持“三农”更多领域细分产业做大做强，高效助力乡村振兴战略实施。

以科技创新助力普惠金融　赋能“三农”实体经济

新希望慧农（天津）科技有限公司

希望金融是农牧巨头——新希望集团旗下的互联网金融平台，专注于农村互联网金融服务，致力于为“三农”、小微企业及优质农户提供低成本、高效率、安全可靠的借款渠道，同时为广大机构、个人等投资者提供安全、专业、高效的出借渠道。

除提供金融信息服务外，希望金融还利用自身在农牧行业的专业知识，开发了“养鸡助手”“猪盈利”和“望望先花”等辅助农民提高生产效率和交易效率的互联网工具。

目前，希望金融已经基本跑通了整个“三农”服务生态圈，大量的服务已经正式开通，并获得了农户的认可。

实体经济要发展，产业兴旺是重点，而产业兴旺离不开金融活水的浇灌和现代科技服务的支撑。希望金融以农牧实体产业链为依托，始终坚持服务“三农”和金融普惠的发展初心和企业理念，真正在农村为老百姓的生产生活提供必要的信息服务。

一、深耕“三农”一线，服务实体经济

希望金融成立于2015年，脱胎于知名农牧集团，定位为服务“三农”、服务农村小微个体的互联网金融信息服务机构。成立四年多来，希望金融始终坚持服务“三农”、服务实体经济的初心，目前已经累计服务了数万户农户和小微个体，其中约70%为种植、养殖户，约30%为农村生产生活服务商、原料供应商、个体工商户。截

至2019年5月8日，希望金融累计撮合成交金额突破102亿元，资金全部服务于“三农”实体经济。

目前，农村金融的参与者主要有农村信用社、邮储银行、民间借贷，以及越来越多的农村互联网金融服务机构。在农村互联网金融的市场“蓝海”中，希望金融的优势是熟悉农村、农业和农民，具有先行优势，而且对“三农”生产和生活场景深度了解。

农业作为国民经济的基础，农村互联网金融不仅具有重大的商业价值，而且具有“城市反哺农村”的社会价值。若能合理利用互联网金融在城乡资金融通信息方面的优势，作为对传统财政和政策金融的有益补充，将能大大提升当地实体经济发展的效率，助推各地顺利完成乡村振兴的既定目标。希望金融始终坚持认为，农村互联网金融不适合“挣快钱”，更需要有情怀的企业能够踏踏实实地为农民提供服务。

经过四年多的稳健运营，目前，希望金融已经在天津、山东、河南、安徽、河北、山西、四川、重庆等十多个省市布局分公司及业务中心，成功助力数万户家庭脱贫致富，在农村市场拥有了大量的客户群体，为当地经济和社会发展作出了积极的贡献。

二、全面推行科技化发展战略，打造“三农”服务综合体

近年来，随着农村经济的发展，规模经营已然成了一个大趋势，而从事规模经营的农民与传统农民相比，对服务有了更高的要求。为了满足市场需求，希望金融在发展过程中提出了服务增值概念，即在提供借款信息中介服务之外，还向客户提供技能培训、企业经营和营销培训、市场信息等附加服务。为此，希望金融利用自身在农牧行业的专业知识，开发了“养鸡助手”“猪盈利”和“望望先花”等辅助农民提高生产效率和交易效率的互联网工具。

“养鸡助手”是一款免费、专业的养鸡软件，致力于全面提升

养殖户的养鸡效率。

“猪盈利”是一款猪经纪生意小助手和养殖场养殖小工具，一方面可以优化生猪交易环节的客户管理，实现生意撮合，提升交易效率；另一方面可以帮助养殖户实现养殖记录和养殖分析。

“望望先花”是希望金融自主研发的移动应用，农户可以在里面购买生产资料，实现足不出户购买农资。对符合条件的农户，希望金融将优先为其提供资金支持，多快好省地满足农民的生产需要，借助移动化和互联网化，推动农民提高生产效率。

在全面推行科技化战略的发展过程中，希望金融已经基本跑通了整个“三农”服务生态圈，大量服务已经正式开通并获得了农户的认可。值得一提的是，希望金融的服务申请流程均可以在互联网上完成，互联网技术真正帮助希望金融做到了将优质服务深入田间地头和生产一线，不断扩大服务半径。

对于身处熟人社会的农村用户来讲，希望金融真正为他们做到了“三省”——省事、省力、省面子。先进的互联网技术让农民能够享受到的服务不再局限于传统模式，不再受限于时间、空间，从而拓宽了普惠金融之路。而在服务效率及成本上也获得了优势，希望金融也因此获得了差异化的竞争优势。

近年来，国家不断出台农业发展激励政策，培育新型农业生产主体，推动农业现代化发展。农业现代化离不开农业技术的支撑，早在2016年5月，希望金融旗下的APP就曾作为典型案例入选农业部为农民手机应用技能培训编写的基础教材——《农民手机应用》。这种政府主导、企业参与的信息技术推广模式赋予了农业技术培训旺盛的生命力，使农业技术培训得以常态化。

未来，希望金融将继续深耕“三农”领域，服务“三农”实体经济，促进城市和乡村资源要素的双向流动，坚持互联网金融信息中介的定位，助力科技金融成为农村经济增长新引擎，服务乡村振兴。

三、希望金融典型服务案例——互联网金融浇灌实体经济，助力农民种出致富花

菊为秋之花，保健效力佳。菊花是中国传统十大名花之一，与梅、兰、竹合称为“四君子”，有着悠久的栽培历史。菊花不仅具有观赏价值，更具有良好的食疗、药用价值，可以用来泡茶、熬粥、入药。

四十来岁的李现军，一直从事药材销售的生意，前些年发现药用菊花的经济价值非常可观，便在本村租了20多亩地，专门种植菊花，积累了丰富的种植经验。经过多年的摸爬滚打，李现军发现深加工后的菊花，更受市场欢迎，而且收益更高。但深加工需要投资10多万元搭建烘干棚，这给前期已经投入不少资金的李现军带来了很大的资金压力。

民间借贷是当地人比较普遍的资金周转方式，但民间借贷最大的问题就在于，亲戚朋友之间没有谁家里随时都有现金，很难遇到双方都合适的时候。而银行借贷则存在从申请到贷款发放的时间比较长，远水解不了近渴的问题。

农村是一个熟人社会，熟人社会有一个关键词——面子。城乡二元经济结构的存在，又客观上使得农村金融市场近一半的融资需求是靠亲朋好友之间的借钱来满足。如果不能及时找到资金，烘干棚建设只能延期。

在这种情况下，李现军听说希望金融能给“三农”提供扶持资金，便动了心。经多方了解，他发现希望金融在当地的信誉很好，便马上与希望金融的业务人员联系。经过实地调查了解及一系列严格的风险评估后，他的借款信息便在希望金融平台上发布了。很快，李现军就拿到了5万元现金，解了燃眉之急。根据后期回访的情况来看，李现军的烘干棚及设备已经组建完毕，菊花经过深加工后也获得了很好的经济收益。

经烘干处理后，单朵菊花的市场价格较高，具有较高经济效益，因此，菊花种植成为当地农民增收致富的途径。其实，像李现军这样想要扩大生产规模的农民越来越多，规模经营已然成了一个大趋势。

“三农”问题是关系国计民生的根本性问题，国家为此提出实施乡村振兴战略。要实现乡村振兴，产业兴旺是重要内容，而农村产业的兴旺离不开金融活水的浇灌。随着农村产业的兴旺，农业的规模化经营已成为大趋势。但农业规模经营主体的资金需求远远高于普通农户，农业适度规模经营要健康持续发展，必然需要金融作为后盾。

希望金融作为农牧巨头新希望集团旗下的平台，专注于“三农”领域，致力于为“三农”小微个体及优质农户提供低成本、高效率、安全可靠的金融信息中介服务，践行支持“三农”、服务“三农”，促进农民实实在在的致富。

中国现代化的关键在农村，农村现代化的关键在金融。未来，希望金融将继续借助先进的互联网技术，真正实现金融与科技的深度融合，逐步改变“三农”领域服务成本高、有效覆盖难和信息不对称、风险管理难等核心难题，将金融服务范围扩展到“三农”领域的小微企业和农村欠发达地区，树立以客户为中心的产品设计和服务理念，真正关注普惠金融服务对象的需求、偏好和金融行为，助力“三农”实体经济发展。

大数据风险预警系统“风火轮”助力中小微企业贷款

天津滨海农村商业银行股份有限公司

天津滨海农村商业银行股份有限公司（以下简称天津滨海农商银行）成立于2007年12月24日，经中国银监会批准设立，2011年底纳入市管金融企业，是一家以国有股权为主导、外资和民营企业参股的混合所有制现代商业银行。截至2018年底，股本总额57.59亿股，其中，国有股份占比50.0043%，民营股份、外资股份与自然人股份占比49.9957%。

天津滨海农商银行是全国首家在异地设立分支机构的农商银行，全国首家总部坐落于天津滨海新区的商业银行，全国首家发行符合巴塞尔协议Ⅲ标准二级资本债的商业银行，全国首批6家信贷资产证券化试点农商银行之一。在英国《银行家》杂志公布的2018年全球1 000强银行榜单中，按照一级资本排名，列第507位，国内银行第86位。截至2018年底，全行资产总额1 622.04亿元，负债总额1 498.86亿元，设立营业网点103家，覆盖天津市整个辖区并辐射新疆和浙江，拥有员工2 484人，平均年龄35岁，本科及以上学历员工占87.9%，设有博士后科研工作站，并发起设立了天津北辰村镇银行，参股天津长城滨银汽车金融公司和河南南阳村镇银行。

一、引言

近几年，大数据在解决信息不对称、智能风控、提高效率等银行业的创新应用上为中小微企业提供了更便利快捷的服务。2015年8月，国务院印发《促进大数据发展行动纲要》，明确指出大数据已成为国家基础性战略资源和推动经济转型发展的新动力。只有把握金融业务发展的新风向，积极应对互联网金融、利率市场化的挑战，创新金融业务信息管理手段，变革传统作业管理模式，提升信用风险监测管理水平，才有机会享受大数据整合应用带来的管理红利，建设以大数据驱动的信贷风险预警系统已迫在眉睫。天津滨海农商银行应用大数据和人工智能实现大数据探索驱动风控管理的预警管理新模式，实现大数据风险预警系统“风火轮”，在银行业风险管理、舆情分析、精准营销、提高客户满意度等方面进行创新应用，提高竞争力。

二、创新亮点

天津滨海农商银行建立大数据风险预警系统“风火轮”，全方位应用于信贷全生命周期各环节风险监测管理过程，提高贷前分析效率，改善贷中决策质量，优化贷后管理技术，实现数据驱动，发挥数据价值，最大限度地满足银行智能化、自动化、数量化、精细化、差异化、全流程管理的信息应用和信息服务要求，提升服务中小微企业的风控能力。

“风火轮”实现了“大数据四化”：

一是客户入口多样化。通过大数据分析，圈定目标客户群体，从微信、官网、税务等多方入口引流中小微企业客户。

二是风控自动化。通过大数据实时获取客户主体资格、经营情况、舆情等信息，自动生成审批报告，为客户计算风险收益和贷款定价，将符合要求的客户主动推送给客户经理。

三是核保面签标准化。制定移动化、影像化、无纸化、标准化业务流程，自动从工商、法院、公安等权威数据源核准客户信息，探测客户风险，降低客户经理素质要求。

四是风险预警主动化。根据客户信息变动、经营情况、舆情分析、还款来源、押品动态估值等信息，自动生成贷后报告和预警信号，以便及早发现、及早处置，达到化解风险的目的。

三、国内外相关研究

在国内，金融业都在大力发展大数据产业，加强数据应用，实现数据驱动，提高管理精细化程度，发挥数据价值。建设银行利用大数据在客户识别、精准营销、风险防范上取得一定成果，如实时的数据仓库，基于位置数据的风险事件识别，仅2017年上半年就避免发生风险1.9万起，避免客户损失1.4亿元。工商银行成立信贷防控中心，通过大数据在事前、事中、事后的运用，进行风险的柔性控制，如交易反欺诈、用户行为风险监控等。中国银行建立中银开放平台，开发1 000多个标准的API接口，用于内部调用和供客户使用，以应用为驱动，深入挖掘数据价值，做大数据应用的场景产品，如口碑贷、中银沃金融。江苏银行着力于打造“最具互联网大数据基因的银行”，创立融联创金融合作平台、“e融”系列网贷、“月光宝盒”云服务、串串盈营销云平台等。BATJ[①]互联网巨头在支付、贷款、理财、保险、证券、银行、征信、基金、众筹九大金融业务领域进行广泛布局，在金融大数据收集、集成、管理、应用方面领先于商业银行。

目前，国外金融科技（FinTech）正在改变金融行业的生态格局。国外已经把大数据技术成功地应用在大量量化业务、信息业务、风险识别上，形成了一系列敏捷、实用的管理工具，如差距分析、活动监控、风险数据仓库、风险报告自动化生成等。大数据分析允许实施开放性、非侵入性监控及通过关联多个信息源和使用强大的计算引擎来识别实时风险/欺诈，可以降低风险和误报率。

综上所述，为了提高竞争力，中小银行也应积极探索如何利用

① BATJ是指百度、阿里巴巴、腾讯和京东四家互联网公司。

大数据技术和互联网思维变革传统作业管理模式在风险管理、业务经营与内部控制中加强数据应用，实现数据驱动，提高管理精细化程度，发挥数据价值。

四、主要内容和成果

天津滨海农商银行结合实际业务需求，充分利用大数据技术和互联网思维，全面借鉴同业先进经验，在整合行内外风险监测信息的基础上，搭建大数据风险预警系统“风火轮”，通过风险模型与规则策略的建设和应用，自动识别风险预警信息，并全方位应用于信贷全生命周期各环节的风险预警管理过程中，提升服务中小微企业能力。主要分为以下三个阶段实施。

（一）权威数据应用

该阶段主要搭建外部数据采集平台，实现外部关键数据的接入及应用。根据风险预警管理需要，结合同业外部预警数据接入及应用的典型实践，搭建外部数据采集平台，接入工商、法院、征信、税务、舆情等外部权威数据源的数据，满足银行预警管理工作对外部关键风险数据的应用要求，数据架构如图1所示。

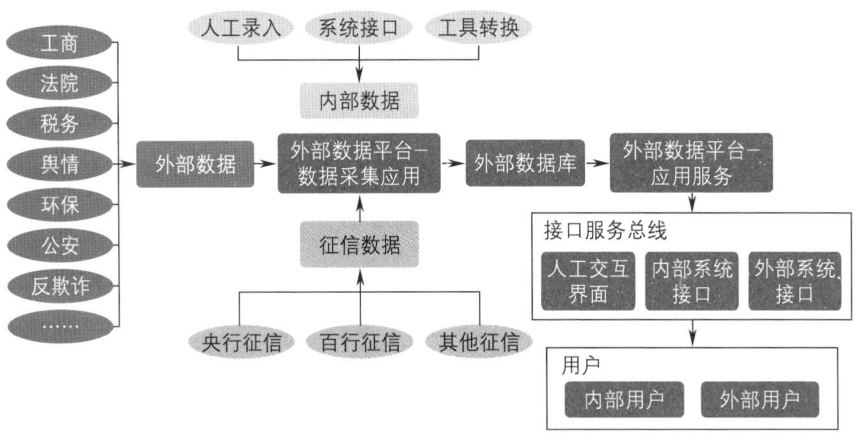

图1 外部数据采集平台数据架构

外部数据采集平台拥有丰富的可扩展的采集接口，此外还支持Oracle、DB2等传统数据库采集；支持Webservice、MQ等传输协议采集；支持Hadoop生态圈下采集工具，如Flume、Sqoop等，同时，还支持第三方API接口调用等。

（二）“风火轮”风险管控应用

该阶段主要搭建大数据风险预警系统“风火轮”，实现前瞻的、先进的、主动的大数据风险预警管理。利用分布式的大数据平台整合内外部风险预警管理目标的多源异构数据，设计数据ETL加工处理方案，采用监管部门数据质量标准，为风险预警应用提供准确、规范、及时的数据支持，实现覆盖授信客户、作业流程、贷款分类、账务交易、财务报表、押品、人行征信、银监共享、工商、法院、舆情事件等信息的全面整合应用，构建基于行内、行外大数据支撑的风险预警决策信息平台，实现客户风险信息统一视图管理、客户风险监测指标及预警信号识别管理、客户关联关系及关联风险信号传导管理、客户风险内控名单管理、预警效果后评价管理等核心的预警应用功能，满足授信业务全流程风险监测及客户风险预警管理的要求。

大数据风险预警系统“风火轮”通过对源自各个渠道的数据进行统一的采集、加工、存储管理，为其他应用系统提供高效、高质量数据服务。逻辑架构可划分数据来源层、数据接入层、数据整合层和应用系统层，如图2所示。

（三）合规监管配套方案实施

该阶段主要根据合规监管，设计信贷系统预警信号处置配套建设方案，实现预警全生命周期线上化管理。设计符合行内发展规划的总行、中心支行、分支行等各级风险监测及预警管理体系，实现各级人员对风险信号的分级处理，提出不同风险级别及处理流程的

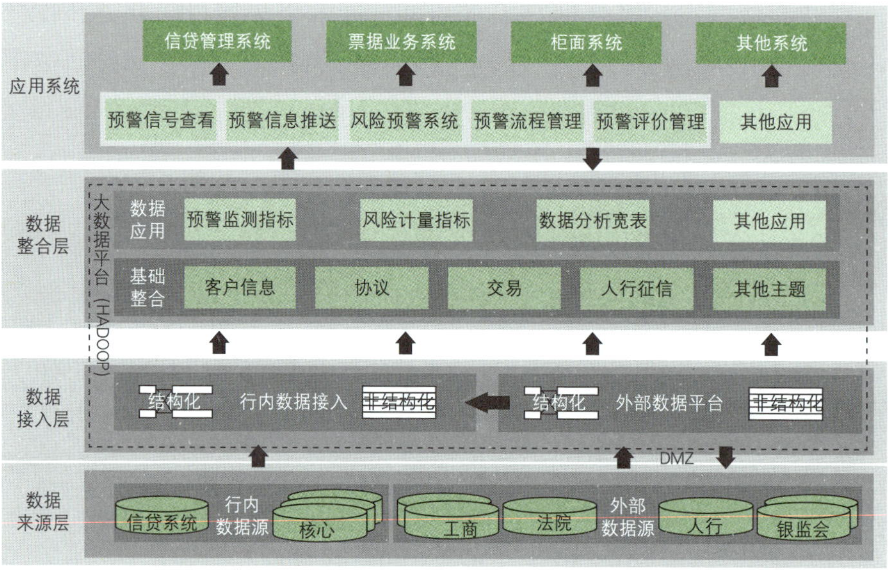

图2 大数据风险预警系统“风火轮”架构

差异化设计方案，实现信号识别、排查、认定、处置、跟踪直至解除的预警全生命周期线上化流程管理，并将风险预警应用于客户营销、客户准入、尽职调查、贷中审查、贷后检查等信贷全流程中，实时推送风险预警信号，起到较好的风险防范效果。

五、绩效成果

“风火轮”系统可承受峰值高并发冲击，至今已同时监控上万户中小微企业及关联方，每月实时审批数十万笔交易，实行自动化风控和主动风险预警，大大提高贷前审批和贷后管理效率，减少操作风险，及时处置风险，进一步加强了银行风险防控工作，切实处置了一批关键风险点，消除了一批风险隐患，助力中小微企业贷款。

六、总结与展望

天津滨海农商银行利用大数据建立风险预警系统，搭建外部数据采集平台，接入工商、法院、征信、税务、舆情等外部数据，实现外部关键数据的接入及应用；搭建大数据风险预警系统“风火轮”，构建基于行内、行外金融大数据平台，实现客户风险信息统一视图管理，实现前瞻的、先进的、主动的大数据风险预警管理；实现了预警全生命周期线上化管理，将预警信息联动应用于贷前、贷中、贷后的风险管理环节，提升了大数据预警信息的应用价值和应用效果。

积极参与城市信用建设　筑牢城市信用基石

绿盾征信（北京）有限公司

绿盾征信创立于2001年，是拥有专业资质、专注于征信工作的第三方社会信用服务机构，是“双软”认定企业、国家高新技术企业。

公司秉承“以道德为支撑，以产权为基础，以法律为保障”的指导方针，坚持“政府主导，大众参与，社会监督，市场运营”的运行机制，恪守“客观、中立、第三方”的征信准则，遵循“帮助企业见证信用，保障大众消费安全；服务政府监管市场，促进社会和谐发展”的服务宗旨，致力于大数据企业征信、信用信息共享平台开发及信用电子商务工作，在征信系统建设、信用信息采集、征信产品研发、征信模式创新、市场激励诚信、联合惩戒失信等方面不懈努力，取得了突出的成果。

一、绿盾征信系统服务优势

（一）创新优势

1. 首创利用互联网技术进行大数据社会征信的新模式。

2. 首创利用统一数据库支撑“政府推动、地方联动、行业互动”的联合征信机制。

3. 首创大数据下整体性评价的征信模型。

4. 首创“记录信用，预测未来”的动态性征信模型。

5. 首创利用计算机程序进行大批量量化企业信用度的征信模型。

6. 首创利用计算机程序实时出具信用报告，并将时间精确到秒的征信模型。

7. 首创借助国家职业资格信用管理师培训制度，规范征信机构团队培训机制。

8. 首创将消费者协会的事后查处“和解维权机制”引入企业征信，升级为在政府监管、全民监督下的“事前预警”维权机制。

9. 首创为全国1.5亿主体建立网上信用档案，供大众免费查询的市场信用激励与惩戒机制。

（二）行业影响力

1. 率先创建民营最大征信数据库。为约1.5亿企事业单位建立了网上信用档案，评价信用信息达几十亿条，日更新信息上千万条。

2. 征信市场占有率大。绿盾征信在全国近800个城市设立了服务网点，提供本地化服务。

3. 绿盾征信获得各地政府推动及文件支持最多。据不完全统计：有数百个地方政府给绿盾征信出具红头文件支持及推动相关工作，在当地政务大厅开辟“企业征信”窗口。

4. 绿盾征信深耕信用平台建设和信用大数据应用。先后承建了保定市、烟台市、霍尔果斯市等五十多个城市的政府公共信用信息共享平台项目的建设工作，配合地方城市信用建设，提升地方城市信用排名。

绿盾征信为全国各级政府部门、商协会、金融机构、国有企业等提供大数据支持，开设信用监管端口服务。帮助政府部门提升在行政审批、市场准入、资质审核、政府采购、招标投标、资金扶持等领域的信用监管能力；帮助商协会提升对会员企业的信用监管和扶持能力；帮助金融机构提升信贷业务事前、事中、事后的信用风控保障能力；帮助国有企业提升对分支机构、供应商等的信用管理能力。

二、绿盾征信系统服务功能

绿盾征信传承诚信美德、弘扬诚信文化、倡导诚信行为、建立诚信体系，从架构创设上，实现了四大平台功能。

（一）政府监管信息汇聚发布平台

绿盾征信让每一条政府监管信息都发挥出其应有的功效和作用。系统平台在技术层面上实现了为全国各级政府职能部门提供监管信息统一发布的端口，为把分散在不同区域和部门、不同文档格式、不同类别、不便查询的零散监管信息，汇聚到平台内关联企业信用档案中提供了可能。按照各职能部门对企业的行政许可、认定、奖罚及质量技术监督监测和法院判决等不同信息分类，通过科学客观的统一征信规则和信息加工流程，使之成为企业信用档案的重要组成部分，并供大众免费查询、参考。

（二）企业综合信用状况查询平台

绿盾征信把政府各职能部门的监管信息、行业协会（社团组织）的评价信息、金融机构信贷信用信息、企业运营管理信息、媒体评论信息，以及实名制下的消费者评价信息，按照统一的征信规则，汇集到相关企业信用档案中，通过科学的数学模型计算出企业的信用分值，对应企业的信用等级，直观、综合、全面地反映企业整体信用状况。绿盾征信的企业信用档案是政策扶持、行政管理事项落实、银行信贷等的重要依据，是有效规避消费侵权、商业欺诈的重要保障。

（三）商务合作交易参考平台

绿盾征信通过各类信用信息的聚合，加快推进交易双方间的信息交流、信息互换、信息共享，为交易决策提供重要参考。征信系统通过科学的数学分值计算，适时反映出商务活动双方的动态信用记录，为企业对企业、企业对个人等多种商业活动提供信用咨询和参考，可规避交易双方因信息不对称而发生的商业欺诈。

（四）交易消费维权投诉平台

绿盾征信系统与实名制下的消费者维权系统有机结合，为企业与消费者之间搭建起“面对面”“点对点”的实时在线沟通渠道，从征信角度为消费纠纷、商业纠纷、劳务纠纷等信用危机现象和行为发生提供了友好和解机制。绿盾征信将实名制下的消费投诉纳入企业征信系统，置于公众监督之下，帮助尊重消费者、重视社会责任的企业树立良好形象。对于持“不理会”“敷衍”态度的不负责任商家，系统将按统一规则自动削减其信用分值，并对每条投诉信息按不同处理情况分类，客观记录，作为企业信用档案的重要组成部分，供大众免费查询、参考。绿盾征信让每一条实名制下的消费维权和投诉得到尊重。

三、绿盾信用产品服务体系

（一）信用档案

绿盾征信对企业整体信用状况进行客观、动态记录，按照统一标准对每一条信息的真实性进行严格核实和分类加工，按照统一数学模式对入档的有效信用信息进行计算，由系统自动得出信用分值，自动与国际通用的9个信用等级对应。

绿盾征信对9个国际信用等级概念赋予了新的含义：信用分值只与守信的事件次数和事件的等级分类有关，与企业大小、财富多少无关，提出信用是守信理念（主观）与履约能力（客观）相结合的结果，纠正了西方偏重履约能力的征信观点，形成了适合目前中国市场的征信产品——企业信用档案。信用档案帮助企业挖掘、采集、见证、核实信用信息，提升品牌形象，赢得合作商机。

（二）实地认证

实地认证是一项专业认证服务，是借助第三方信用服务机构对企业自身的取证或者相关客户委托的现场检验，服务机构委派的取证人员上门进行实地拍摄取证，本着“客观、中立、第三方”原则对企业的经营资质、办公场所、单位内景、厂容厂貌、生产车间、厂房仓库、设备设施、产品或服务、经营场地实物信息进行影像采集，真实呈现企业状况，提高企业可信度和业务成交率。实地认证为商务活动、招投标、金融借贷等领域提供重要参考依据。

（三）信用报告

信用报告是大众消费、商业合作、金融借贷、人才招聘的重要依据。绿盾征信可以配合政府采购、招标投标、行政审批、资质审核、市场准入等行政管理事项，出具信用报告。

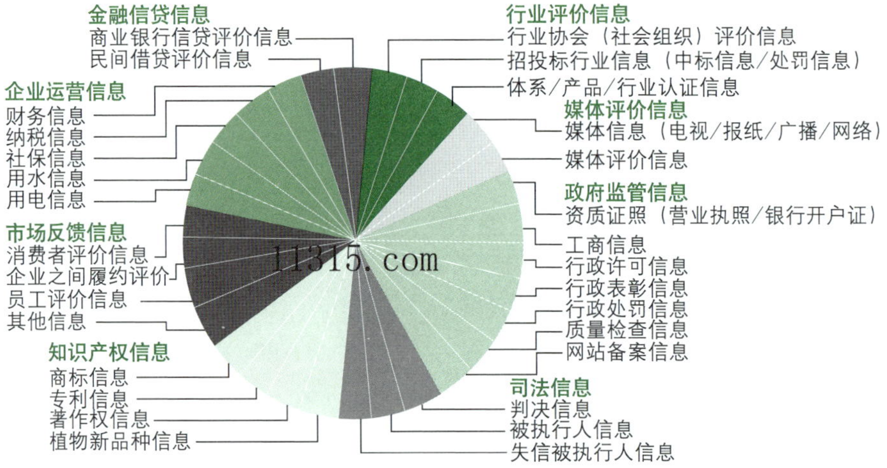

图1 企业信用档案组成示意

（四）“银企通”助力贷款

为支持中小企业健康持续发展，绿盾企业征信系统成功开发出“银企通”平台，助力解决中小企业融资难和融资贵的问题，同时让金融机构全面快速掌握企业信用信息，降低信用风险和放贷成本。该平台克服了由于信息不畅导致信贷资源配置错位和效率低下的问题，促进中小企业和金融机构在绿盾“银企通”平台上快速对接。

（五）征信+物联网

物联网信用消费是以征信大数据和产品溯源为基础，以科技与资源整合为手段，以共赢联盟为措施的服务性商务模式。它是指个人通过银联授权的消费信用卡、借记卡等在消费过程中通过自己的消费行为而获得的增值支付能力，是在物联网的背景下对消费者进行的一种消费权益保障，是对消费、投资和经营的物联网信用消费平台，是在国家监督、管理和保障下的消费信用增值活动的一整套规章制度和行为规范。绿盾征信通过对物联网信用消费平台的管理和应用承担商品价值的社会责任，积极打造诚信社会。

（六）城市信用可视化工程

信用可视化工程是绿盾征信结合国家信用建设战略思维而打造的，通过建立企业信用档案，以扫描二维码方式，实现政府市场监管、企业信用推广、消费快捷维权，协助政府部门构建守信联合激励和失信联合惩戒机制。

城市信用可视化工程受到商铺、企业、消费者的广泛关注和认可。企业上下游合作伙伴、消费者用手机扫一扫信用二维码，就能了解到企业、商家的品牌历史文化、产品质量和信用状况，这为商家在商品买卖活动中用最短的时间赢得顾客信赖、为企业提高诚信品牌建设水平和商业合作成功率提供了重要保障。

第三部分

互联网金融研究报告选编

我国互联网金融市场规范发展研究

随行付支付有限公司天津分公司　刘海龙

近年来，互联网金融发展日益受到社会广泛关注。一方面，互联网金融在满足多样化、差异化的金融需求上发挥了重要作用；另一方面，一系列风险事件也影响了经济社会的稳定发展。2016年以来，在党中央、国务院的统一部署下，全国各省市开展了互联网金融风险专项整治工作，互联网金融风险案件高发频发的势头已得到初步遏制，行业经营有所规范。下一步，应以专项整治工作为契机，加强政策引导，健全监管制度，打造鼓励创新、规范运作、有序竞争、服务实体的互联网金融发展新局面。

一、互联网金融的概念和意义

国内所指的互联网金融，是传统金融机构与互联网企业利用互联网等通信技术，实现资金融通、支付、投资和信息中介服务的新型金融业务模式。随着数据挖掘、云计算、区块链等技术不断完善，出现了如AtomBank（英国）、Kreditech（德国）、蚂蚁金融（中国）等一大批互联网金融公司。

互联网金融发展对实体经济发展有着积极的促进作用。从交易成本理论来看，互联网金融通过互联网终端替代物理网点和人工服务，运用互联网技术实现资源整合，缩短资金融通的中间链条，有助于降低交易成本。从信息理论来看，互联网金融利用互联网、大数据等技术，使信息的发布更及时、搜索更快、整合能力更强、数据处理效率更高，能更好地解决信息不对称问题。从互联网经济理论来看，互联网金融产品会随着客户的评价逐渐建立品牌和信誉，呈现出边际价值递增的态势。从长尾理论来看，互联网金融一定程度上可以弥补传统金融服务的不足，为小微企业等客户群体提供金融产品和服务。从新信用理论来看，互联网平台所产生的云数据能较为客观地描述交易主体的履约状况和信用水平，展现其商业行为轨迹，比传统金融的事前信用评级信息更为全面深入。

也应当看到，互联网金融凭借“开放、平等、协作、分享”的理念使金融服务方式产生了变革，但它的金融特性并没有改变。首先，互联网金融服务的对象、采用的工具与传统金融在本质上没有差别；其次，互联网金融的发展并没有改变金融行业的风险属性，并有可能使风险表现出更强的隐蔽性、传染性和外溢性。

二、互联网金融的主要业务模式

（一）传统金融互联网化

为满足多样化金融需求，提高服务效率，传统金融机构借助互联网技术，实现从实体到网络、从线下到线上的转变，提高传统金融服务的有效性和便利性。

目前，我国大多数银行业机构已搭建了互联网平台，通过手机银行、网上银行、电话银行等多种途径，拓展服务空间，为客户办理开户、支付、转账、理财、购买各类金融产品、咨询、简易贷款等业务。证券机构经纪业务开户与交易、基金申购和赎回等基本实现了网络化，部分证券机构基于互联网建立了线上商业模式，业务范围不仅涵盖传统的证券经纪业务，还包括自建金融理财商城、入驻大型电商网站、建立理财超市、与大型互联网门户合作等新型业务。保险机构基本都建立了网销平台，实现产品网上销售。信托公司、消费金融公司也开始在互联网领域尝试业务创新，开展产品销售、小额消费借贷等业务。

（二）互联网企业金融化

互联网企业利用自身技术优势，重新组合各种金融要素，提供差异化金融服务，取得了积极进展。主要业态包括第三方支付、P2P网络借贷、众筹融资平台、跨界融合形成的纯互联网金融机构，以及大数据征信等。

1. 第三方支付。第三方支付指依法取得人民银行颁发的《支付业务许可证》的中介机构为收、付款人提供的货币资金转移服务。其业务类型主要有网络支付业务、预付卡的发行与受理、银行卡收单三类。随着云计算等网络技术的飞速发展，第三方网络支付业务交易量迅速上升。2017年，全国非银行支付机构共处理互联网网络支付业务483.28亿笔，金额38.73万亿元，笔均业务余额801.4元，日均处理业务1.32万笔、1 061.1亿元；处理移动支付业务2 392.62亿笔，金额105.11亿元，笔均业务金额439.3元，日均发生业务6.56亿笔、0.29亿元。

2. P2P网络借贷。P2P网络借贷主要是指以网络借贷平台作为载体和媒介，为个人之间的借贷提供中介服务。2007年8月，国内首家P2P网贷平台“拍拍贷”上线。截至2017年末，全国正常运营的P2P网贷平台共有2 649家；全年累计成交额3.90万亿元。

3. 众筹融资平台。众筹融资平台主要是指融资者借助互联网平台，为特定项目向众多投资者融资，每位投资者通过少量的投资金额从融资者那里获得实物（如预计产出的产品）或股权回报。2011年7月，我国第一家众筹平台“点名时间”上线。目前众筹融资的回报方式已经从最初的产品众筹、股权众筹，拓展到慈善捐赠众筹等。

4. 跨界融合形成的纯互联网金融机构。互联网技术除了促进实现金融产品和服务从实体到网络、从线下到线上的转变，更重要的是促进了运营方式的转变，纯粹基于互联网、没有物理网点的互联网银行、互联网证券和互联网保险也应运而生。2013年2月，由蚂蚁金服、腾讯、中国平安等联合发起设立的国内首家互联网保险公司——众安在线获批成立。2014年12月，深圳前海微众银行正式获准开业，成为全国首家互联网银行，随后浙江网商银行、四川新网银行等互联网银行相继开业。2016年3月，东方财富网收购西藏同信证券，并将名称变更为西藏东方财富证券股份有限公司，成为国内首家拥有券商牌照的互联网企业。

5. 大数据征信。互联网的大数据记录了大量以前不可记录的行为，获得了以前无法获取或成本很高的数据，能够更为全面、准确地反映个体的行为模式、决策动机、生活习惯，有助于更为全面地评价个人信用水平。基于互联网大数据的征信也正在成为金融服务的新业态，例如，蚂蚁金服、京东金融依托电商和社交平台积累了大量的用户数据，并据此形成各自的大数据征信，为蚂蚁花呗、借呗、京东白条等个人无抵押信贷产品提供强大的征信支持。

（三）传统金融机构与互联网金融企业融合发展

传统金融机构在长期实践中形成了网点、客户、资金、风控等方面的优势，互联网金融企业通过大数据、人工智能、云计算等科技方面的优势形成了良好的用户体验和互联网运营能力。随着国家互联网金融发展政策的不断完善，市场需求不断升级，传统金融机构和互联网金融公司越来越多地寻求合作共赢发展。

2017年3月28日，阿里巴巴、蚂蚁金服与建设银行宣布战略合作；6月，工商银行与京东金融集团签署了金融业务合作框架协议；农业银行与百度签署战略合作协议，宣布将共建“金融科技联合实验室”；中国银行与腾讯宣布成立金融科技联合实验室。

此外，随着技术创新的发展，互联网金融的技术共享模式也应运而生。例如，百度金融对外开放金融云平台，向同业提供人工智能、大数据风控、支付技术等解决方案；微众银行在其“微众·理财”平台上开通了江苏昆山农村商业银行手机应用；兴业银行、蚂蚁金融、京东金融等也在打造开放创新的技术平台，加强同业合作，实现共享发展。

三、互联网金融规范发展研究

互联网金融的快速发展推动了金融服务创新变革，为满足日益多样化、差异化的金融需求发挥了重要作用，但也容易导致风险扩散和交叉传导。特别是部分不法分子打着“互联网金融”幌子开展非法集资、金融诈骗等违法犯罪活动，严重影响了经济社会稳定发展。

（一）互联网金融领域主要风险点

一是部分机构存在证照不全、违规经营现象。部分互联网金融公司在未取得牌照或许可的情况下，擅自开展业务，引发经营和社会风险。如P2P网络借贷和股权众筹领域缺少增值电信业务经营许可证（ICP证），第三方支付企业未获得牌照，部分互联网资产管理公司未获得经营证券牌照、销售基金产品未在中国基金业协会登记备案等。有些企业存在擅自扩大经营范围，违规经营相关业务的情况，如在P2P借贷领域，部分公司存在充当信用中介、自保自融等乱象。

二是中小机构风险管控能力不足。在P2P网络借贷、股权众筹、私募基金等领域，由于部分互联网公司缺乏金融从业经验，对金融风险的认识不足，不具备相应的风险管控手段和缓释能力，在标的项目出现问题时，往往出现大面积违约，引爆的经营风险和信贷风险有可能成为区域性或系统性金融风险的隐患，对地区金融稳定造成冲击。

三是市场存在无序竞争现象。部分互联网企业偏离线上经营的定位，组建“地摊式”线下销售团队，销售人员素质参差不齐，利用客户信息不对称，进行夸大宣传、虚假宣传和误导式宣传，为企业经营留下风险隐患。

四是部分互联网金融产品已具有系统重要性影响，需要防范顺周期波动和风险的跨市场传染。

（二）国家有序推进互联网金融风险整治

为鼓励和保护真正有价值的互联网金融创新、整治违法违规行为，切实防范风险，建立监管长效机制，促进互联网规范有序发展，2015年7月，人民银行等十部委联合印发了《关于促进互联网金融健康发展的指导意见》。2016年4月，在党中央、国务院的统一部署下，全国各省市开展了互联网金融风险专项整治工作。整治工作按照“打击非法，保护合法；积极稳妥，有序化解；明确分工，强化协作；远近结合，边整边改”的原则，重点对P2P网络借贷和股权众筹业务、通过互联网开展资产管理及跨界从事金融业务、第三方支付业务、互联网金融领域广告四大方面开展重点专项集中整治。整治工作中，按照线上线下全覆盖原则，对存在风险隐患的机构进行摸底排查，将P2P网络借贷、互联网股权众筹等重点领域企业全部纳入深入核查范围，构建类金融机构“一企一档”体系，将摸底排查、专项核查、投诉举报等信息记入风险管理系统并持续进行动态更新，密切监测相关企业的风险状况。经过排查整治，有效打击处置了一批违法经营金额大、涉及面广、社会危害大的互联网金融案件，社会反映良好。

经过整治工作的有效推进，目前互联网金融风险总体可控，行业发展逐步规范。部分不规范平台主动退出经营或停业整改，部分不合法平台逐步被清理，尤其是随着《网络借贷信息中介机构业务活动管理暂行办法》《关于实施支付机构客户备付金集中存管有关事项的通知》等政策法规逐步落地，监管工作有序开展，互联网金融平台运营的规范性、透明性有所提高，在历经一轮行业“洗牌”

之后，一些创新、规范的平台将脱颖而出，逐步走上规范发展的道路。

（三）应建立互联网金融规范发展长效机制

应以专项整治为契机，建立健全法律法规体系，完善金融监管机制，加强自律约束和金融消费者权益保护机制建设，营造鼓励创新、规范运作、有序竞争、服务实体的互联网金融发展新局面，进一步发挥互联网金融在支持经济社会发展中的积极作用。

一是加快完善互联网金融安全等方面的政策体系，建立互联网金融技术行业及国家标准，制定互联网金融领域的金融数据安全使用管理办法，构建维护互联网金融安全的技术体系。

二是按照“分类控制，分照管理”原则，加强监管协调联动，建立健全互联网金融的准入、退出机制和运行规范，为互联网金融健康发展提供制度保障。

三是充分发挥中国互联网金融协会与地方互联网金融协会的作用，强化行业自律管理，搭建统一、公开的互联网金融信息披露平台。构建以商业银行作为第三方资金托管的机制，进一步完善互联网金融消费权益保护体系，切实加强互联网金融投资者权益保护。

四是加快金融科技在金融服务中的应用，让金融服务惠及更多领域，提升金融服务效率，推进普惠金融发展。

五是探索将规模较大、具有系统重要性特征的互联网金融业务纳入宏观审慎管理框架，对其进行宏观审慎评估，防范系统性风险。

互联网金融业务发展中存在的问题与建议

天津市互联网金融协会课题组 肖琳璐

近年来，互联网金融飞速发展，在满足多元化资源配置需求、提升金融服务效率等方面发挥了积极作用。但与此同时，互联网金融风险事件频发，对于金融市场稳定形成重大挑战。2018年9月，天津市互联网协会组织开展了调查研究，以全面了解互联网金融业务发展情况，有针对性地提出规范互联网金融发展的政策建议。

一、我国互联网金融行业发展现状

（一）行业整体发展现状

我国互联网金融呈现出机构数量多、业务规模大、业态种类齐全且呈分化发展的特征。国家对互联网金融健康发展给予了高度重视。2015年，互联网金融行业“基本法”——《关于促进互联网金融健康发展的指导意见》（银发〔2015〕221号）发布，标志着互联网金融开始由监管缺失的野蛮生长阶段进入规范发展阶段。2016年，国务院办公厅《关于印发互联网金融风险专项整治工作实施方案的通知》（国办发〔2016〕21号），拉开了专项整治的大幕。随着专项整治工作的深入开展，互联网金融行业风险整体水平不断下降，机构合规性逐步提升，行业进入良币驱逐劣币的阶段。由于互联网金融业态较多，从业机构良莠不齐，存量风险及风险隐患化解难度较大，整治工作一再延期，目前仍未结束。

（二）主要业态发展现状

1. 互联网支付。2017年，受移动支付在全国范围内迅速普及的影响，互联网支付业务规模增速放缓，部分数据甚至有所下降。2017年，商业银行互联网支付交易共485亿笔，同比增长5.20%，交易总金额2 070万亿元，同比下降0.47%。非银行支付机构互联网支付交易483亿笔，同比下降27.14%，交易金额为38万亿元，同比下降28.61%。

2. P2P网贷。据第三方机构统计，2017年1~12月，P2P网贷行业正常运营平台数量呈递减态势。截至2017年末，正常运营的P2P网贷平台数量共2 649家，同比下降28%。2017年，P2P网贷成交额38 952.35亿元，同比增长38.87%；年末借贷余额17 214.06亿元，同比增长42.83%。2018年1~8月，全国范围内共有900余家P2P平台接连爆发风险，行业信誉和出借人信心低迷，借款人观望情绪加剧，极易产生涉稳风险。

3. 互联网直销银行。2017年，在国家政策引导和金融科技快速发展的驱动下，我国直销银行在机构数量、客户数量、产品类型、业务规模等方面均出现较快增长。截至2017年末，我国共有直销银行114家。其中，99家由城市商业银行、农村商业银行及农信社设立，占直销银行总数的近87%。12家全国性股份制银行中，仅招商银行尚未设立直销银行，但已于2018年初发布公告拟发起设立直销银行。大型国有银行中，农业银行、交通银行尚未设立直销银行。

4. 互联网证券。随着金融科技的发展和智能化移动通讯技术的快速普及，越来越多的证券客户直接通过手机端进行开户、交易、查询等操作，基于移动端的网上证券业务已成为互联网证券最主要的发展方向。从目前互联网证券平台建设来看，各券商的APP同质化严重，缺少特色化服务，大多数仅仅是将一些证券经纪业务从线下搬到线上，服务内容并未发生改变。随着人们对互联网证券认知程度的不断提高及对便捷化投资理财需求的不断升级，智能化服务或将成为未来互联网证券业务的主流发展方向。

5. 互联网消费金融。随着移动互联网场景的不断扩展、居民消费习惯的改变和线上消费渗透率的不断提高，互联网消费金融市场规模不断扩大。但由于目前尚无互联网消费金融全领域的权威统计数据，无法了解全国互联网消费金融市场的具体发展状况。从未来发展趋势看，互联网消费金融将继续保持高速增长态势，并将成为互联网金融领域最为活跃的业态之一，市场竞争也将进一步加剧。

二、我国互联网金融业务发展中存在的问题

（一）定义未能覆盖全部业态

《关于促进互联网金融健康发展的指导意见》中界定的互联网金融业务属于狭义的互联网金融范畴，未能涵盖全部的互联网金融业务。例如，我们熟知的共享单车押金账户，其在互联网上进行并归集了大量公众资金，应纳入互联网金融业务范畴；互联网金融的云技术服务商，其不直接从事金融业务，但由于掌握大量社会公众和个人的基本信息和资金交易数据，也应纳入互联网金融范畴管理。事实上，利用互联网技术，具备信用特征并以资金账户为手段的业务模式均应属于互联网金融的范畴。

（二）监管范围和职责归属尚需进一步明确

从监管范围来看，互联网金融业态方面，当前的监管体系未能覆盖全部的互联网金融业态，特别是上文所提到的未被纳入互联网金融范畴的共享单车押金账户、金融科技服务商等；经营行为方面，当前的制度未能覆盖全部的经营行为，对从业机构的规范力度和对金融消费者的保护力度还不够。从监管职责归属来看，目前对部分业务的监管归属尚不明确，将导致监管空白和重叠。以P2P网贷为例，该业态在地方由银保监局和金融局（办）共同监管。若监管职责分配不合理，则易出现对部分业务重复监管的情况，影响监管效率；也可能出现对部分业务均未加监管的情况，影响监管效果。

（三）相同或类似业务的监管标准不统一

相同或类似业务监管标准的不一致将导致监管套利。目前，在诸多互联网金融业务的监管中都存在针对相同或类似业务的监管标准不统一的现象，如P2P网贷业务。P2P网贷的清理整治和备案由地方金融局（办）负责，相关的整改验收和备案细则由各地制定出台，即因地域不同存在监管差异。针对这一问题，P2P网贷整治办于2018年8月发布《关于开展P2P网络借贷机构合规检查工作的通知》（网贷整治办〔2018〕63号），列出108个合规检查问题，对P2P网贷机构合规检查标准作出统一规定，可在一定程度上消除地域差异。再如消费金融业务，银保监会严格控制消费金融公司的批设，截至目前仅批设23家消费金融公司，对其偿债能力、风险定价机制等有明确的监管规定，相比之下，电商平台等依托小额贷款公司开展消费金融服务面临较低的门槛和更宽松的监管，即因监管机构的不同而存在监管差异。此外，在资产管理业务方面，从事资管产品发起和销售业务的机构包括银行、证券公司、保险资管机构、信托公司等，长期以来，监管部门对资管业务的监管是以从业机构为划分依据，不同机构的同类产品面对的监管标准不同，这也属于不同监管机构之间的监管标准差异。针对这一问题，人民银行等五部门已发布《关于规范金融机构资产管理业务的指导意见》（银发〔2018〕106号），对同类资管业务作出一致性监管规定。

（四）部分业务的日常监管仍不到位

部分业态从业机构，尤其是合规性相对较差的机构，经营情况及交易行为的日常监管存在漏洞。以P2P网贷为例，数据监测方面，监管部门获取的运营数据主要为机构主动报送的数据，该数据绝大部分未经第三方机构审计，数据真实性有待考证；行为监管方面，对于已经明确相关监管细则的，如信息披露等，对其监管未能落实到位。据调查，截至2018年7月中旬，6月全国待收规模排名前48的平台中，仅2家平台的信息披露内容达到《网络借贷信息中介机构业务活动信息披露指引》规定内容的90%，有5家机构的信息披露内容甚至不足规定的50%。

互联网金融业务均在网络上进行，响应速度快、传播范围广，需通过技术手段对其进行实时监测。目前，我国尚无针对互联网金融行业的实时数据统计和行为监测系统，定期接收数据报送、实施现场或非现场检查的方式无法实现对风险隐患、违规行为的及时发现与处置，这使得监管部门在监管过程中处于被动地位，往往在风险事件发生、违规行为造成一定影响后才能采取相应的处置措施。此外，互联网金融涵盖诸多业态，由不同的监管部门分别进行监管，各部门对运营数据的统计内容和标准不同，也尚未实现数据互联互通，增加了穿透式监管的难度。

（五）存在非持牌机构从事互联网金融业务现象

与大部分行业不同，由于金融业务涉及信用且金融风险有较强的覆盖性、突发性和传染性，金融行业在各国的立法中都属于特许经营行业，不可遵循“法无禁止皆可为”的原则，必须在取得金融监管部门许可之后，才可从事相关业务。然而，当前却存在诸多机构在没有获得业务牌照的情况下即开始从事金融业务的现象。截至目前，P2P网贷验收工作仍未结束，股权众筹机构试点尚未开始，这两个互联网金融主要业态的众多从业机构尚均处于无证经营状态，而其他几个主要业态也因监管不充分而存在少量机构无证经营的情况。此外，还存在一些非主要、尚未被定性并纳入监管的业务模式，无法确定对应的牌照，如互联网票据理财，采用“互联网+供应链+商业承兑汇票”的模式，以商业承兑汇票为标的，在互联网上吸收公众的投资。据了解，包括天津在内的全国多个地区均有机构从事类似业务。

一般来说，未持牌的机构合规性较低、资金实力较差，存在诸多的风险隐患，发生风险并给金融消费者带来资金损失的可能性也更大。以P2P网贷为例，据第三方机构统计，自2018年以来有945家P2P网贷平台发生风险，其中有557家平台失联、234家平台提现困难、81家平台清盘或停止运营、40家平台已由警方立案侦查、15家平台涉嫌诈骗、13家平台借款展期、5家平台实际控制人跑路。

三、政策建议

（一）明确监管范围和职责归属

从监管范围看，业态方面，应将涉及资金账户和信用的业务均纳入监管范围，并尽快制定相应的管理办法。对于未来随时可能出现的新金融业务，应制定快速监管预案。行为方面，监管制度应覆盖互联网金融业务中的全部经营行为，包括信息披露、广告宣传、合同签订、信息保护等，最大限度地保护金融消费者合法权益。从监管职责归属来看，应明确各项业务对应的监管部门及其监管职责。对于由一个以上监管部门监管的业务，应当明确规定各部门的监管内容，避免发生监管重叠及空白。

（二）统一同类业务的监管标准

坚持功能监管，相同或类似业务应当由同一监管部门按照相同的监管标准实施监管，消除监管套利的可能性。消除监管政策的地域差别，对于P2P网贷行业来说，应由监管部门统一制定全国通用的监管和备案政策；消除由于监管部门和从业机构不同产生的监管标准差异，对于消费金融业务，应由银保监会进行统一管理，在准入门槛、风控指标等方面做到标准统一。

（三）加强数据监测

建议构建行业数据监测系统，利用技术手段，对接互联网金融平台数据库，对平台交易情况进行实时监测。该系统应具备跨行业、跨机构、跨平台、跨产品的特点，为穿透式监管提供数据基础。同时，建立风险预估模型，根据系统监测的数据及时预警风险。必要时，可以迅速冻结交易账户，避免风险继续蔓延，维护金融稳定。

（四）加强行为监管

严格落实行为监管有关规定，加强互联网金融行为监测。建议由互联网金融协会牵头，成立“全国互联网金融行为监督信息中心”，运用技术手段，按照行为监管规定的内容进行监测，为监管部门提供网上互联网金融行为信息服务，及时向监管部门反映违法违规经营行为，并定期出具监测报告，对行为监管形成支持。

（五）明确互联网金融业务必须持牌经营

互联网金融的本质仍是金融，应当按照相关的金融法律法规实行统一监管，严禁无牌经营，明确必须持有相关牌照才能经营互联网金融业务。尽快出台股权众筹、P2P网贷等未发放相关牌照业务的备案或试点办法，加速合规从业机构备案与试点，引导不合规机构无风险地退出市场；对于从事支付等已发放牌照的业务但不持有牌照的机构，应当在风险可控范围内对其加速取缔。

（六）发挥行业自律及社会监督的作用

在行业自律方面，各自律组织应充分发挥行业自律职能，协助监管部门推动各项监管政策的落实，加强会员合规教育与监督，引导会员合规经营。同时，建议成立“互联网金融业务发展联盟”，由开展互联网金融业务的从业机构组成，承担起维护社会和金融稳定的社会责任，相互约束，共同发展。在社会监督方面，建议由互联网金融协会牵头，搭建“互联网金融社会监督系统”，接收公众的实名投诉、举报，指派专员对信息进行筛选及反馈，并将有效信息及时报送给相关监管部门。

（七）鼓励并规范金融科技创新

金融科技创新推动了金融服务向更加便捷、普惠、低成本的方向发展，可从资金、人才、设备等方面对金融科技创新给予支持。同时，金融科技创新可能衍生出诸多风险和隐患，应在反复论证后再投入市场，并实施严格监管，确保相关业务规范有序发展，防止发生系统性金融风险，保护金融消费者的合法权益。

关于“相互宝——大病互助计划”的调查

天津市互联网金融协会课题组　王佳

支付宝于2018年10月16日上线了蚂蚁相互保（以下简称相互保），11月27日，该产品的保险人信美人寿相互保险社涉嫌违规，相互保改变为产品“相互宝——大病互助计划”（以下简称相互宝）。

一、相互保基本情况

相互保是由蚂蚁会员（北京）网络技术服务有限公司为蚂蚁会员购买的一款团体险，承保人为信美人寿相互保险社。蚂蚁会员自主加入，所有成功加入的成员共摊患病成员的保障金并获得一份健康保障。这是一款名为团体险实为互助保险的创新互联网保险产品。相互保上线42天，逾2 000万人申请加入。承保人信美人寿相互保险社于2017年在北京注册成立，是我国首批试点的相互保险组织，主要企业发起成员为蚂蚁金服、天弘基金等。

相互保险最早出现于古埃及和古罗马，19世纪快速发展，于20世纪初达到高峰，全球十大保险机构中的六家为相互保险公司。2008年国际金融危机后，相互保险再次得到快速发展，增速高于保险业平均水平。全球相互保险2016年的保费总收入占全球保险市场总份额的26.8%，覆盖9.6亿人。相互保险在我国尚处于发展初期，2004年我国第一家相互保险公司获批成立，此后发展一直不温不火。近几年，监管部门大力倡导发展相互保险，并于2015年制定了《相互保险组织监管试行办法》，在此期间成立了包括信美人寿相互保险社在内的首批试点相互保险组织。

（一）相互保概况及特点

表1 相互保概况

相互保	
投保人	蚂蚁会员（北京）网络技术服务有限公司
保险人	信美人寿相互保险社
投保年龄	30天至59周岁
等待期	90天
投保要求	芝麻分650分及以上的蚂蚁会员
保障内容	恶性肿瘤+99种重疾
保额	30天至39周岁，30万元 40周岁至59周岁，10万元
保费	0元加入、保障金及管理费事后分摊、上不封顶 每月14日、28日扣划分摊金额

相互保具有以下四个基本特点：

1. 门槛低。加入相互保时不需要支付任何费用，一旦有人需要救助，则需要所有成员共担患病者的保障金及管理费，此处的分摊金额相当于保费，这是事后收费的形式；

2. 覆盖全。该产品共保障100种重疾，不保轻症和中症；

3. 大家担。“救助1人不超过1毛钱”并不代表每次分摊只有1毛钱，因为每期究竟会有多少人需要救助是不确定的，所以分摊的保障金也是不确定的，需救助的人数越多，该项费用会越高，这项费用是上不封顶的。

4. 保额高。0至39周岁为30万元，40~59周岁为10万元，60周岁后自动退出相互保。保额差异是因为不同年龄段患病概率不同。

（二）相互保因违规被停售

1. 误导性宣传。相互保宣传中强调“0元加入”和“救助1人不超过1毛钱”，容易让人产生保费只有1毛钱的错觉，而保费是由实际救助人数总量决定的，缺少对于实际费用不确定性的提示。此外，相互保对于“覆盖全”“保额高”的宣传也是不准确的，因为100种重疾保障和30万保额相比于其他重疾险而言并不突出。

2. 信息披露不充分。信美人寿相互保险社未按照《互联网保险业务监管暂行办法》的相关要求在其官方网站建立相互保的信息披露专栏，也没有充分披露相关信息。

3. 未按规定使用经备案的保险条款和费率。此处，因具体备案的条款和费率无法获知，故不展开阐述。

二、相互宝的基本情况

相互保涉嫌违规后，调整变身为“相互宝——大病互助计划”，其基本要素如表2所示。

表2　相互宝基本要素

运作人	蚂蚁会员（北京）网络技术服务有限公司
加入年龄	30天至59周岁
等待期	90天
加入要求	芝麻分650分及以上的蚂蚁会员
互助范围	恶性肿瘤+99种重疾
互助金	30天至39周岁，最高30万元 40周岁至59周岁，最高10万元
费用	0元加入，互助金和管理费事后分摊，2019年封顶188元 每月14日、28日扣划分摊金额

产品调整后，其官方对相互宝产品的宣传也更贴近产品本身：

1. “0元加入、享30万互助”。此处不再使用保额高这种有诱导性的语言，而是直接列出了互助金额，并在显著位置写明40周岁以上互助金下降为10万元的情况，但需要注意的是，此处的互助金（30万元或10万元）为最高值，实际获得的互助金可能低于此值。

2.“一人生病、众人来分摊”。此处未像之前那样使用“救助一人分摊金额不超过1毛钱”的误导性语言，分摊金额中的管理费也由互助金的10%下降为8%，同时作出了“2019年分摊金额不超过188元”的承诺，但2019年之后的分摊金额未知。

相互宝官方一再强调相互宝不是保险，但相互宝加入者是付出当期的“分摊费用”来换取未来患病时获得“患病互助金”，其实质是一种资金融通行为，其牺牲当期的消费来换取未来保障的特征说明其本质上还是一种保险行为，且相互宝依托于互联网，属于新兴的“类互联网保险产品”。

三、相互宝的运作模式及流程

（一）运作模式

相互宝是由蚂蚁会员（北京）网络技术服务有限公司运作的，是由符合条件的成员自愿加入，获得互助保障的同时，需履行分摊义务的一款网络互助产品。蚂蚁会员（北京）网络技术服务有限公司成立于2017年，由浙江蚂蚁小微金融服务集团股份有限公司全额出资，经营范围为技术开发、技术咨询、技术服务、技术转让、技术推广，无保险相关内容。

（二）运作流程

相互宝的加入机制、互助金申领机制、公示机制及赔审团机制、互助金分摊机制、成员退出机制及具体运作流程与之前的相互保基本相同，只是产品退出机制中没有了“参加人数少于330万人时产品终止”的要求。相互宝运作流程如图1所示。

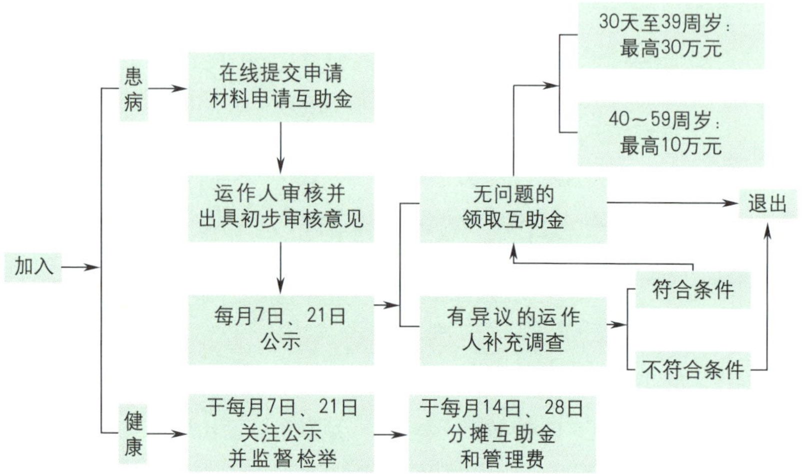

图1 相互宝运作流程

1. 加入相互宝。18~59周岁、完成实名认证、芝麻分数在650分及以上、身体状况符合健康告知要求的蚂蚁会员可申请加入，并于加入后可为其符合年龄要求及健康告知要求的子女、配偶和父母申请加入。成功加入后生成电子合同。

“芝麻分650分以上”作为加入条件，应用了大数据技术，简化了准入流程，降低了核实成本。芝麻分由信用历史、行为偏好、履约能力、身份特质和人脉关系五个方面综合评估而来。芝麻信用分数分为六个等级，第一级是信用较差，分数是350~500分；第二级是中等信誉，分数是500~600分；第三级是良好信誉，分数是600~650分；第四级是优秀信誉，分数是650~700分；第五级是极好信誉，分数是700~800分；第六级也就是顶级信用，分数为800分以上。

芝麻分在650分以上的属于四级及以上等级信誉的人。通过芝麻分的设置可以隔离风险人群，控制信用风险，防范道德风险和逆向选择风险。

2. 患病成员申领互助金。经过90天的等待期后，患病者可拨打电话报案或在线报案，并提交真实、完整的申请资料，运作人对申请材料进行审核后出具初步审核意见，并于每月7日、21日进行为期

3天的公示，公示时会对身份证号等身份识别信息进行脱敏处理。相互宝的成员如有异议，可以监督举报，举报须为能提出明确理由、提供证据材料的实名举报。此为赔审团规则。

3. 互助金领取与分摊。公示期满，无异议的，患病成员可获得互助金，互助金额依年龄最高为30万元或10万元。该费用于每月14日和28日在所有成员间分摊。每期分摊金额=（互助金+管理费）/分摊成员数。互助金=该期公示无异议成员的互助金之和，管理费=互助金×8%。

4. 成员退出及机制终止。成功申领互助金、满60周岁、不履行分摊义务的将退出相互宝，成员也可主动退出。出现不可抗力及政策因素会导致相互宝产品终止，运作人也可以主动停止相互宝服务。

四、相互宝与相互保的比较

（一）相同点

相互保变为相互宝后，产品的基本要素除名称变化外，其他基本保持不变，具体来看，其加入年龄、等待期、加入要求、保障内容、扣费日期和方式都没有变化。此外，其运作机制和运作流程也基本没有变化。

（二）区别

表3　相互保与相互宝的区别

	相互保	相互宝
产品性质	保险产品	网络互助计划
运作人	保险公司	技术公司
互助金	30万元或10万元	最高30万元或10万元
分摊费用	无上限	2019年上限为188元
管理费	保障金的10%	互助金的8%
成员数量要求	不低于330万人	无要求

1. 产品性质改变。这是两款产品最大的区别，也是本质上的区别。相互宝中不再有保险公司参与，完全由蚂蚁会员（北京）网络技术服务有限公司来运作，其不再是保险产品，而是一款网络互助产品，虽在一些产品要素上有所改进，如分摊费用设上限、管理费率下降等，但加入者彻底失去了互助金兑付的刚性保障，实际获助情况完全取决于运作人的表现。

2. 互助金额的变化。相互宝宣传页面中，互助金额后面增加了"（最高）"，这一改变至关重要，意味着患病成员获得的互助金额数量是不确定的，最多是30万元或10万元。

3. 分摊费用上限的变化。原相互保未给出实际分摊费用的具体数额，而是用了具有误导性的"救助一人分摊金额不超过1毛钱"的描述，并给出了"加入500万人、某期患病100人为例，计算出该期分摊金额为6.6元"的案例，由于此处患病概率是不确定的，因此实际分摊金额并不确定。新相互宝对这一点做了改善，将2019年的分摊费用上限规定188元，承诺超过的部分由运作人来承担，且管理费率由10%下降为8%。

4. 成员数量要求的变化。原相互保规定运行3个月后成员少于330万人会导致相互保产品终止。这是该产品遭到诟病最多的地方，被称为与加入者玩的文字和数学游戏。因为产品承诺救助1人不超过1毛钱，多出的费用由承保人承担，而后却规定了成员的数量。之所以要求成员不少于330万人，是因为成员为330万人时，每人每期为每个患病者分摊金额=30万元×（1+10%）/330万人=0.1元/人（以最高保额30万元来计算），恰好能保证救助一人的分摊金额为1毛钱，而"3个月"为90天的等待期，这样保障了宣传中"救助一人不超过1毛钱"得以实现，承保人无须承担任何多出的费用。新相互宝删除了此项要求，取消了参加成员人数的限制，是对产品的完善。

五、相互宝与传统重疾险的比较

目前市面上最常见的重疾险是期交返本型的，以华夏的长春树重大疾病保障计划为例进行比较。以保额30万元、年龄为39周岁的男性为例，对相互宝与传统重疾险的费用、操作流程、产品设计及风险等方面进行比较，见表4。

表4　相互宝与传统重疾险比较

	相互宝	传统重疾险
分摊金额/保费	2019年最高188元/年（持续缴费）	10 954.44/年（共缴费20年）
互助金/保额	30天至39周岁，最高30万元 40周岁至59周岁，最高10万元	30万元
加入期间/保障期间	加入次日起至退出之日止，但不超过60周岁	至80周岁
是否返本	否	满期未发病返1.3倍保费
互助内容/保障内容	100种重疾	100种重疾+20种中症+35种轻症
赔付次数	1次即退出	最多赔6次
操作流程	手机操作，简单快捷	面签，流程复杂
运作人	网络技术服务公司	保险公司
监管	纳入互联网保险风险专项整治	由银保监会监管
风险	难以控制	相对可控
消费者权益	无法保障	更有保障

（一）费用相对较低

上文已经指出，每期分摊的金额是不确定的，相互宝官方页面中以加入2 000万人、某期患病400人为例，计算出该期分摊金额为6.6元，暂且相信假设中的患病比率，则每月的分摊金额为13.2元。此外，运作人承诺2019年的分摊金额不超过188元，但2019年之后的分摊金额是不确定的。目前来看，相互宝的费用相对较低。

（二）操作流程简便

如上文所述，无论是加入手续还是申请互助金手续，都较传统保险要简单很多。加入时只需在手机上进行简单操作即可生成电子合同，申请互助金时也无须去现场，只需拨打电话或上传电子材料即可获得互助金。而传统重疾险通常需要面签，流程相对复杂。

（三）产品设计不及传统重疾险

从具体的产品要素来看，加入者年龄超过39周岁后，互助金直接由30万元下降至10万元，且此数额还是最高情况，实际互助金额不确定，而传统重疾险始终是30万元不变，此数额为确定的；相互宝的保障期间最长到60岁，而传统重疾险可以保到80周岁；从疾病种类来看，相互宝只覆盖100种重疾，传统重疾险还覆盖了20种中症和35种轻症；从获赔次数看，相互宝只申领1次互助金即退出，而传统重疾险最多可以获赔6次；从交纳的保费看，相互宝的分摊费用是不会返还的，而传统重疾险的保费在满期未发病情况下可返还1.3倍。

（四）风险较传统重疾险大得多

包括相互宝在内的网络互助产品由无保险经营资质的公司来运作，上文提到了相互宝的运作人蚂蚁会员（北京）网络技术服务有限公司的经营范围都是技术相关，无保险相关内容，其网络互助产品的风险管控能力非常薄弱。之前不少网络互助平台出现了虚假宣传、无法赔付，甚至卷款跑路的问题，消费者权益无法得到保障。目前网络互助平台虽已纳入互联网金融专项整治计划，但仍不在中国银保监会的监管范围内，没有完善的法律法规和制度规范来约束。而传统重疾险是由正规的人寿保险公司运作的，符合银保监会的要求，处于银保监会的监管之下，有着完善的风险控制体系，风险更可控，消费者权益也更有保障。

可见，相互宝相较于传统保险产品有费用低廉、操作便捷的优点，但也存在着产品设计不足、监管相对薄弱、风险难以控制、消费者权益无法保障等诸多缺点。

六、相互宝业务的现实意义及不足

（一）现实意义

1. 对加入者而言：

（1）费用较低。2019年，相互宝的费用是传统保险的1.7%。

（2）操作便捷。无论是加入还是申请互助金都十分便捷。

（3）互助金申请纠纷少。由于互助金不是运作人出钱，而是大家来分摊，所以运作人与互助金申领人不存在利益冲突，不存在运作人惜赔动机。

（4）提供了一种转嫁重疾风险的选择。尽管网络互助产品的保障性远不及社会保险及商业保险，但是为广大收入较低、看不起病且没有社保的群众提供了一种转嫁重疾风险的选择。只要能够持续规范运营，网络互助产品也可以让参加人员病有所医，一定程度上减少了社会的不安定因素。

2. 对社会而言：

（1）有利于传统保险业的转型。相互宝是先进数字技术迎合大众保障需求的产物，在运营成本、场景化及大数据等方面存在优势，提供了更符合大众需要的产品，从而促使传统保险在产品设计、盈利模式、业务机构、客户基础及信息管理系统等方面进行转型。

（2）有利于满足普惠金融的需要。因传统保险存在保费昂贵、条款难懂、理赔复杂等问题，大量有保险需求的人对其望而却步。相互宝凭借其简单快捷的操作、价格低廉的费用更好地满足了大众的保障需求，提升了参与体验。其全天候、不受地域和网点限制的服务，满足了普惠金融发展的需要。

（3）有利于提升大众的风险转嫁意识。面向支付宝每年8.7亿人的活跃用户进行互助产品宣传，能有效植入风险转嫁观念，对大众起到了风险转嫁的启蒙与普及作用，让更多人意识到风险的真实存在，也认识到转嫁风险的重要性。

（4）有利于倒逼监管制度进一步完善。相互宝尽管不属于保险产品，不符合保险相关规定，但其实质是利用互联网开展的金融活动，是一种类互联网保险产品，根据行为监管和功能监管要求，应被纳入金融监管当中，这就要求监管当局尽快厘清责任归属，明确监管主体，并颁布适用于网络互助产品的法律法规和行为准则。

（二）存在的不足

1. 产品设计存在不足。相互宝存在着疾病覆盖种类偏少、互助金偏低、救助次数偏少、加入年龄偏低等问题，还不能满足用户的多样化需求。

2. 宣传略有失真。官方页面中强调2019年分摊费用不超过188元、互助金最高为30万元和10万元，但缺少对于2019年以后的费用及实际互助金额不确定的提示。

3. 道德风险问题。由于申请互助金时只需要提交电子文件，而电子文件极易造假，因此会催生欺诈案件，形成道德风险。

4. 逆向选择问题。由于该产品只收取管理费，且管理费为互助金的8%，因此互助金申请人数越多，管理费越多，从而存在运作人审核不严导致加入者分摊费用较多的逆向选择问题。

5. 监管缺位问题。该产品由无保险资质的技术服务公司提供，同其他网络互助产品一样，作为一种新兴的互联网金融产品，尚未纳入银保监会的监管范围，监管相对薄弱。

6. 加入者权益保护问题。网络互助计划与保险产品最大的区别在于加入者的互助金是没有刚性兑付承诺的，运作人可以随时依据公司的运营情况而终止网络互助产品，加入者的权益根本无法得到保障。

七、关于互联网保险规范发展的建议

相互宝虽因不符合监管要求，在成为真正的互联网保险产品上的创新尝试失败了，目前以网络互助产品的性质存续，但其对互联网保险行业的发展仍有很大的借鉴意义。

（一）以客户需求为导向丰富产品和服务种类

互联网保险公司应创新并丰富产品类型，同时为客户提供覆盖更全、保额更高、操作更便捷的产品和服务。

（二）依法合规开展宣传营销活动

互联网保险公司应使用通俗易懂的语言，及时、准确地告知客户可能影响决策的全部信息，避免虚假、欺诈、隐瞒或引人误解的宣传活动。

（三）加强风险管理

互联网保险公司应依据产品特点，同步推进风险管理体系建设，使风险始终处于可控、可承受范围内。

（四）运用更多金融科技手段

互联网保险公司应将更多大数据、区块链等先进金融科技运用到产品设计、市场营销及运作流程当中，以提供更加便捷、多样的服务。

（五）加强自律管理

互联网保险公司应不断提高自律管理意识，提升自律管理水平，互联网金融协会等组织也应充分发挥自律管理职能，保障互联网保险市场的有序运行。

（六）加强对互联网保险行为的监管

针对网络互助产品这类新兴的互联网金融产品，监管部门应依据行为监管要求，实施穿透式监管，将“类互联网保险”产品也纳入互联网保险的监管当中。建立健全互联网保险相关法律法规及规章制度，明确针对互联网保险的数据报送标准与统计口径，依据互联网保险行业的特殊性，有针对性地加强监管。

八、结论

相互宝有门槛低、参与度和知情权较高、操作便捷等优点，但在产品设计、广告宣传、道德风险、逆向选择、风险控制、消费者权益保护等方面也存在诸多问题。该产品最终的运营情况还有待时间验证，但无论如何，该产品在短时间内获得大量的关注和参与，本身就凸显了我国保障类产品供给与需求多层次、多样化的结构性矛盾。监管部门应尽快将相互宝这类新兴互联网金融产品纳入互联网保险监管范围，完善相关法律法规；互联网保险从业机构应以相互宝为鉴，在依法合规的前提下，积极稳妥有序开展科技驱动的金融创新，研发出更多符合大众需求的保险产品，助力我国保障体系的完善。

关于第三方移动支付工具发展情况的调查

天津市互联网金融协会课题组　贾淯

目前，我国规模较大的移动支付工具分别为支付宝和微信支付。支付宝是阿里集团旗下的支付品牌，主要以支付服务为主，同时提供理财服务、生活服务等多个领域的便捷服务；微信支付是腾讯公司旗下的支付品牌，以微信聊天软件为支撑。2017年末，中国银联云闪付发布，开启了第三方移动支付行业发展新的格局。随着相关监管政策的不断完善，第三方移动支付平台运营规范化程度正在不断提升，行业竞争也更加激烈。本文以微信、支付宝为例，介绍我国第三方移动支付工具发展情况，并研究探讨推进移动支付规范发展的政策建议。

一、支付宝和微信支付有关情况

（一）支付宝

支付宝是由阿里巴巴集团创办的第三方移动支付平台，致力于为用户提供简单快捷的在线支付解决方案。2011年，支付宝获得了人民银行颁发的《支付业务许可证》。

1. 支付方式。支付宝支付方式主要包括快捷支付、二维码支付、声波支付、NFC 支付、指纹支付、IPTV 支付等。

2. 账户管理。为确保用户的账户和资金安全，同时遵循国家关于实名规定的法律法规，支付宝账户需通过实名认证，其绑定的卡姓名必须与支付宝账户认证信息一致，不能再更换绑定他人银行卡。每个支付宝账户绑定的银行卡数量最多为18张，同一银行卡

（浦发银行和兴业银行除外）绑定的支付宝账户数量上限为3个，用户可根据需要随时撤销重新绑定。

3. 交易形式。支付宝包含信用卡快捷支付、余额宝支付、转账支付和花呗支付等支付交易形式。

（二）微信支付

微信支付是由腾讯公司和财付通支付平台联合推出的新型移动支付工具，主要依托于微信聊天软件开展业务，腾讯财付通为微信支付提供安全支持和保障。2011年，财付通公司获得人民银行颁发的《支付业务许可证》。

1. 支付方式。微信支付方式主要分为线下二维码支付、Web 扫码支付、公众号支付等形式。

2. 账户管理。同一微信支付账户绑定同户名银行卡上限为10张，且同银行同类型卡片的绑定数量最多3张。微信用户在第一次绑定银行卡的同时就完成了身份实名认证，之后绑定的银行卡需与用户身份一致。同一身份证名下可同时拥有5个微信支付账户，同一银行卡可同时绑定3个微信支付账户。

3. 支付限额。经过实名认证的用户，使用微信零钱进行支付的最高年限额为20万元，超过金额需通过绑定银行卡再进行支付，银行卡没有支付额度限制。微信零钱支付有两种形式：一是用户未添加银行卡，转账支付时仅可通过零钱进行划转，日限额为200元，每笔最高为200元。二是用户已添加银行卡，转账支付时可使用零钱或银行卡进行划转，日限额为5万元。收款方不受约束。

二、我国第三方移动支付市场发展现状

（一）移动支付交易规模增大

《2017中国数字经济发展报告》的数据显示，全国有2 亿多消费

者在第三方移动支付平台上办理过包括社保缴纳、交通出行、娱乐购物等100多种公共服务；全国部分城市的公交、地铁等交通工具也开始逐步支持移动支付工具的使用。移动支付规模在2017年已超过200万亿元。消费者的消费观念正在改变，移动支付已成为日常消费中不可或缺的一部分。

（二）支付宝、微信支付占有市场份额较大

支付宝和微信支付以淘宝电商平台和微信软件作为依托，具有较高的使用率，在移动支付市场占据很大优势，而其他支付平台一般只在一个特定领域具备优势，如京东金融主要应用于京东电商体系、天翼支付主要应用于电信支付体系中等。据统计，2018年第一季度，支付宝和微信支付占有市场份额较大，约为第三方移动支付市场交易总规模的90%，其中支付宝占有率约为50%，微信支付占有率约为40%。

（三）银联云闪付发展态势明显

银联云闪付自2017年末宣告作为银行业统一的APP 进入移动支付市场，截至2018年9月末，用户数量已达到8 000多万户，日均活跃用户数量较上年增长数倍。这一数字虽然不能与支付宝、微信支付的用户数量相比，但对于仅仅发展三个季度的云闪付来说，已经十分迅速。

（四）支付宝和微信支付分别占据线上、线下优势

2018年第一季度的线上消费中，消费者倾向使用支付宝交易的比例约为59%，使用微信支付交易的比例约为34%；在线下消费中，消费者使用微信支付的占比约为60%。原因主要有以下两点：一是支付宝创立之初是为淘宝进行交易担保服务的，依托线上大量的淘宝用户群和电商基础，优势明显，因此用户在线上购物时更青睐使用支付宝消费。二是在线下实体消费中，微信支付有强大的微信聊天

软件做支撑，社交性较强，活跃人数众多，人们的日常交流，包括线下消费，如面对面收付款、发红包等小额付款时，更倾向使用微信支付。

（五）微信支付在小额支付中更占优势

2018年第一季度交易数据显示，当交易金额小于或等于50元时，用户倾向于使用微信支付进行交易。用户使用支付宝进行小额交易的比例约为27%，而使用微信支付进行交易的比例是使用支付宝的两倍多，约为65%。当交易金额大于50元时，用户更倾向于通过支付宝进行交易。微信支付在日常生活中具有一定的社交便利，人们更倾向于通过微信来进行日常小额消费。

（六）不同支付人群的消费倾向不同

《2017移动互联网支付安全调查报告》显示，受访人群中男性受访者的网络消费已超越女性，月均消费5 000元以上的男性消费者占比约为23%，比女性消费者高出大约8 个百分点。这一现象产生的原因主要是男性消费者更倾向在网络上使用外卖服务和游戏相关虚拟物品的购买服务。在受访人群中，“70后”“80后”已成为消费市场的主力军，“70后”受访人群收入比例较高，约有50%的“70后”月均可支配收入在5 000元以上。“90后”受访者的收入水平虽然较其他受访者低，但其月均消费金额占比却最高，达23%。

（七）支付宝支付方式更加广泛、灵活

支付宝共有六种支付方式，除去与微信支付相同的三种支付方式外，还包含三种特有的支付方式，即声波支付、NFC 近场支付和IPTV 电视二维码支付。声波支付是用户在付款时，点击支付宝“声波付”按钮，并将手机靠近感应区，支付宝会自动感应声波并提示用户，用户根据提示付款，结束交易流程。NFC近场支付是一种新型的支付方式，主要针对安卓手机，实现卡片与支付宝的高度连接，通过近距离无线通信技术实现刷卡、刷机支付。IPTV 支付是支付宝与华数传媒合作推出的电视二维码扫描支付方式，主要针对特定用户开发使用。

（八）支付宝在转账、提现和信用卡还款方面更加便利，成本更低

2016年，支付宝和微信支付开始收取提现手续费，二者收费标准类似，支付宝提供实名用户每人累计2万元的基础免费额度，额度超出后可通过蚂蚁积分进行兑换；微信支付提供用户每人累计1 000元的免费提现额度。在提现到账时间方面，支付宝有三种选择，方式更加灵活便利；微信提现仅提供当日到账和次日到账两种形式。在信用卡还款方面，自2018年8月1日起，除特定用户外，腾讯理财通对信用卡还款功能进行收费，而支付宝方面暂不收费。

三、第三方移动支付工具的创新与突破

（一）对传统银行业造成冲击，进而带动金融创新的纵深发展

以支付宝的余额宝和微信的理财通为例，二者都是新型活期理财产品，具有风险低、流动性强、随用随取的特点。这种新型理财产品年化收益率约为同期银行活期存款利率的6~10 倍，对传统银行的储蓄业务造成一定冲击。此外，支付宝的蚂蚁借呗和微信的微粒贷都是操作简单、放款快速的个人借款产品，根据个人信用不同，享有额度也不同。这种新型借款方式打破了银行传统的放贷模式，具有放款快、借款金额高、无抵押等特点，对银行的传统信贷业务形成挑战。正是在这种背景下，传统金融机构在激烈的竞争中更加重视金融创新，纷纷推进数字化、科技化转型，我国金融科技创新迎来一个快速发展期。

（二）对于推动普惠金融发展意义重大，越来越多的弱势群体享受到便捷的金融服务

支付宝和微信支付等移动支付工具为更多社会公众提供了平等获取金融服务的渠道，真正实现了人人都能享有金融服务的机会。特别是随着支付宝和微信中的金融服务、生活服务、第三方服务等板块的上线，第三方支付服务及其衍生产品已经涵盖民生的各个领域，用户可以通过金融服务模块对自有资金进行投资升值，也可以在充值中心进行手机、宽带等生活服务缴费充值，足不出户就能享受金融服务的便捷。相对于传统金融机构来说，第三方移动支付工具更便利，门槛更低，特别是对一些偏远不发达地区的影响更深，作用更大。

四、第三方移动支付业务开展中面临的问题

（一）亟须健全完善业务监管体系

目前我国出台的关于第三方移动支付的法律法规主要有《非银行支付机构网络支付管理办法》《非金融机构支付服务管理办法》等。这些规章制度在一定程度上规范了第三方移动支付行业的相关业务。但随着金融科技创新的快速发展，新产品、新业务不断出现，新问题也随之而来，特别是支付领域的业务违规、打政策“擦边球”问题时有发生，监管难度也在增加；此外，涉及网上交易的产品质量问题、诈骗问题、消费维权问题等，一般只能通过支付平台自身的规章制度来解决，缺乏法律效力和公正性。

（二）平台安全认证机制不够完善

一般来说，用户在登录账户的过程中，只需输入简单的用户登录密码和手机动态口令就可完成身份验证，不需要再进行其他方式的身份认证，也无法进一步确认是否为本人操作。此外，一般来

说，用户的账户和密码基本是固定不变的，登录验证信息在传输过程中要经过不同介质，并不具有加密功能，容易被木马病毒或网络病毒窃取，无法保证信息的安全性和完整性，可能引发信息和资金被盗风险。

（三）用户风险防范意识有待增强

移动支付交易中的安全风险主要发生在隐私信息泄露方面，从用户方面来讲，主要有以下途径：一是用户在使用移动支付工具时，风险意识欠缺，对自身密码保护不到位，如输入密码时不进行遮挡，在公共场合随意使用不安全的WiFi 网络等，容易造成密码和个人信息的泄露。二是移动设备使用不当，个人隐私信息在传输过程中被网络病毒或移动终端恶意软件截取。

五、促进第三方支付规范发展的建议

（一）建立健全业务监管体系

制定完善法律法规，并付诸实施，规范移动支付终端的安全标准及要求，开通专项投诉渠道，规范行业运行秩序，有效防范业务风险。支付平台也应建立相关规范准则，积极配合监管部门，做到合规经营，切实维护平台用户的合法权益。

（二）完善用户身份认证机制

平台要加强安全认证机制建设，建议用户在登录账户时应采用多种认证方式，如支付密码与手机动态验证码相结合或者与人脸识别、指纹识别、虹膜识别等生物识别技术相结合进行认证登录，提高身份识别度，防止身份信息被非法盗用。

（三）加强对用户的安全警示

通过多种方式加强用户风险教育，提示用户在使用第三方移动支付工具时，要提高警觉性，防止账号密码泄露，控制手机等移动设备对个人信息的读取权限，不安装不明软件，不点击不明链接，谨防钓鱼网站和诈骗信息等。

（四）完善保险机制，保障用户合法权益

目前支付宝和微信支付都上线了相关保险类产品来保障用户资金安全。但其在赔付和保障机制方面并不完善，一些情况下不能及时处理用户发生的财产资金问题。国家应尽快出台统一的第三方移动支付相关保险机制，规定赔付标准和要求，确保支付机构尽职负责，及时处理用户在支付过程中遇到的突发性风险，保障用户合法权益。

六、第三方移动支付平台未来发展趋势

2018年6月30日，人民银行对第三方支付实行“断直连”，这既有利于监管部门对第三方支付机构和用户个人的资金进行监管，确保支付各方行为更加合规化、透明化，又保证了消费者的合法权益不受侵犯，分散了备付金存放的风险。在国家进行监管的同时，第三方支付平台也在逐渐完善自身平台建设，为维护支付运行环境的安全、合规做准备。

未来，支付宝、微信支付和银联云闪付这三大移动支付工具或将带领移动支付行业向金融领域迈进，获取支付行业带来的附加价值，包括理财服务、信贷服务、营销服务等多种服务，这也将引起移动支付行业内部新一轮的竞争。同时，行业内的竞争也将促使移动支付行业向更加合规化的方向发展，为用户带来更好的移动支付体验。

电商平台虚拟信用套现问题研究

天津市互联网金融协会课题组　马国艳

近年来，各大电商平台将网络消费与传统信用卡消费模式相结合，形成了一种新的消费模式——虚拟信用消费。虚拟信用消费为人们提供了便利，但同时也暴露了众多风险。本文从近期“蚂蚁花呗”虚拟信用套现事件着手，对第三方机构信用信息采集中存在的问题进行研究分析，并提出可行性建议。

一、“蚂蚁花呗”虚拟信用套现事件概述

虚拟信用消费是互联网高速发展的产物，如蚂蚁花呗、京东白条、苏宁任性付等消费工具都可以实现消费信贷业务。蚂蚁花呗作为行业典型代表之一，属于蚂蚁金服旗下产品，于2015年正式上线。该产品将蚂蚁金服旗下另外一款信用产品——芝麻信用的评分作为放贷考核标准，以评分高低决定分配给用户的透支额度。在蚂蚁花呗虚拟信用套现事件中，套现中介利用电商平台与客户完成一笔虚假交易，套现中介收到款项，扣除手续费后将剩余款打给客户。此外，部分不法分子还宣称可以通过提升芝麻信用评分的方式，使用户在“花呗”实现更大额度的套现，这使部分急需用钱的消费者趋之若鹜。这种现象在“阿里系”以外也有发生，如大众点评、美团、百度糯米等可支持花呗付款的电商平台也成为套现渠道。

二、虚拟信用套现产生的原因

(一)相关法规制度不够完善

对于虚拟信用平台和涉及的交易，我国目前还没有出台相关法律法规，只能参考《最高人民法院、最高人民检察院关于办理妨害信用卡管理刑事案件具体应用法律若干问题的解释》办理，这导致类似虚拟套现等违规现象游离在法规边缘，得不到有效的监管和打击。

(二)利益滋生市场

在银行贷记卡信用套现被严厉打击后，部分不法分子转战电商平台，利用虚拟信用消费产品的免息期和额度等达到套取现金的目的。套现中介通过向客户收取套现服务费谋取巨额利益。

(三)低门槛提供了便利

以蚂蚁花呗为例，其开通门槛极低，只要在该产品兄弟平台——支付宝上的消费信用记录良好，几乎都能开通花呗功能。部分急于用钱的消费者通过中介包装提高芝麻信用分，再经套现中介运作实施套现。同时，也滋生了“点亮13星”等违规信用信息采集产业链。

(四)电商平台管理薄弱

芝麻信用认为，仅靠个人交易信息进行信用评分尚有不足，所以推出了“点亮13星”这一个人基本信息采集手段。而“点亮13星”的认证体系尤其薄弱，有的星星甚至随意填写就能点亮，这给不法分子进行“虚拟信息套现”提供了巨大机会。电商平台以其交易数据和此类个人填报的信息作为授信的基础，并将数据在兄弟公司间共享，又无法对这些数据的准确性进行验证，也助长了虚拟信用套现行为。

三、虚拟信用套现引发的风险

（一）个人信息泄露风险

目前，各类第三方机构都通过鼓励用户完善相关信息来提高信用评分，但部分信用机构对用户信息安全重视不够，缺乏严密的规范和措施，容易导致个人信息的泄露。在虚拟信用套现操作中，部分轻易相信不法分子的消费者为了提高信用额度，随意填报个人姓名、性别、手机号码、身份证号码、工资基数、支付宝账号、支付宝登录密码等个人信息，风险极大。

（二）违规采集个人信用信息

以“点亮13星”为例，其在信用信息采集中存在以下违规行为：第一，未经用户同意，擅自进行信息采集。第二，“点亮13星”需完善13项个人信息，其中“公积金”一项涉嫌超越《认证服务协议》授权范围抽取公积金信息。第三，服务协议变更手续告知不规范、不及时，涉嫌故意规避《征信业管理条例》中采集查询信息须经本人同意的要求。第四，平台在账户注销后继续使用用户个人信息，违反了《征信业管理条例》的相关要求。

（三）存在欺诈风险

在虚拟信用套现流程中，客户需要按照不法分子要求在其网店中购买商品，在付款完成交易后需确认收货才能返现，但客户实际并没有真的收到任何商品，这为纠纷的产生埋下了隐患。例如，2018年蕉城警方捣毁的犯罪团伙，其以信用套现为由进行诈骗，160余人上当，涉案金额16万余元。

（四）个人信用权益受损

以芝麻信用为例，其数据来源于同属阿里集团的淘宝、天猫商城、淘网、支付宝、口碑网等平台，这些平台均是以盈利为目的机构，其在信息不全和评分计算方式没有公开情况下，对消费者进行信用评分，这样形成的评分有失公正，损害了消费者的正当权益。

（五）易引发金融风险

近年来，个人消费贷款ABS发行量快速增加，蚂蚁花呗和借呗占有份额较大。中国资产证券化网数据显示，2017年我国ABS发行总规模1.52万亿元，其中企业ABS发行规模7 609.60亿元，花呗和借呗个人消费贷款ABS分别占企业ABS发行规模的17.51%和14.25%。蚂蚁金服通过ABS的循环和滚动发行实现表外融资，其资金杠杆率达到10倍以上，而平台恶意套现容易导致资产质量下降，引发金融风险。

四、防范虚拟信用套现的相关建议

（一）建立完善社会信用体系

应进一步加快推进个人征信体系建设，建立尽可能全面容纳个人信用信息的数据库，真实完整地反映个人信用状况，不给非法采集信用信息行为以可乘之机。2018年3月19日，百行征信有限公司在深圳市成立，建立社会各界、各行业统一认同的信用体系成为趋势。

（二）平台加强网络安全技术建设

相关平台应该进一步加强网络安全技术建设，完善风控管理，防范信息伪造、盗用，特别是需对实名认证环节进行完善。例如，用户在虚拟信用支付开通时，需上传本人手持自己身份证的照片，提高认证要求，使申请人按照要求完成动作和语言，进行同步验证等方式，后台连接公安部EID 系统，对申请人身份的真伪进行认证等方法，提高身份识别度。

（三）推进信息数据共享

在建立各行业统一的社会信用体系之前，建议由国家相关部门牵头，建立统一电商消费者数据采集平台，各电商平台可以共用消费者数据，综合评估消费者的信用，作为电商为消费者授信时的参考，防止过度授信带来的区域与系统性金融风险。

（四）完善虚拟信用监管体系

我国目前虚拟信用管理主要是依据《征信机构管理办法》和《征信业管理条例》，但有些法规监管内容滞后于征信行业发展现状，形成的法律约束力不够。相关部门需紧跟时代步伐，更新完善相关法律法规，有关部门也应加大监督检查力度，推进虚拟信用的规范化发展。

（五）加强平台自律管理

电商平台应该加快推进完善网店入驻规则，建立健全管理机制，细化管理方案，采用部门监管、平台监督、消费者投诉三个维度进行合力监督，并畅通投诉渠道，规范网店运营。各平台应该将用户信息保护贯穿到业务运营全过程，切实完善内控体制，加强奖惩力度，并注重提高从业人员综合素质，强化信息安全防范力度，避免信息遭受泄露和非法使用。推动建立相关行业自律组织，提高行业标准，引导征信行业向好向稳发展。

（六）严厉打击盗用个人信息行为

相关部门应加强监督检查力度，严厉打击盗用和非法采集个人信息行为，维护个人信息安全；加强消费者教育，引导消费者提高风险意识，防止个人信息泄露。

云计算在金融系统中的应用分析

中国人民银行天津分行 裴志杰

一、云计算概述

（一）云计算的定义

云计算是通过分布式计算机而非本地或远程服务器来进行数据运算，使企业能够将资源更贴合所需的应用，根据计算需求来访问、使用计算机和存储系统。关于云计算的定义有很多，现阶段广为接受的是美国国家标准与技术研究院（NIST）定义：云计算是一种按使用量付费的模式，这种模式提供可用的、便捷的、按需的网络访问，进入可配置的计算资源共享池（资源包括网络、服务器、存储、应用软件、服务等），这些资源能够被快速提供，只需投入很少的管理工作，或与服务供应商进行很少的交互。

（二）我国云计算市场情况

我国云计算市场总体保持高速增长趋势。据统计，2016年我国云计算整体市场规模达514.9亿元，整体增速35.9%，高于全球平均水平。同时，通过对天津辖内40家银行业金融机构进行调查显示，截至目前天津范围内已有11家银行使用了云计算技术，占比为27.5%。其中有8家已将云计算技术实际应用于生产系统中。在11家已应用云计算技术的银行中，使用私有云的有10家，使用公有云的有3家（其中两家使用阿里云平台，一家使用微软Azure平台），使用行业云的有1家（银联云）。

二、云计算在金融系统的应用概述

近年来，国家支持云计算发展的政策持续出台，云计算产业的发展、推广、基础应用等环节的政策环境已经基本成型。2014年12月末，中央网信办下发《关于加强党政部门云计算服务网络安全管理的意见》；2015年1月初，国务院下发《国务院关于促进云计算创新发展培育信息产业新业态的意见》；2017年4月，工业和信息化部编制印发了《云计算发展三年行动计划（2017—2019年）》，一系列政策文件的出台，有力地支持和鼓励了云计算行业的健康发展。

在金融领域，支持云计算发展的政策也在逐步完善中。2018年8月，中国人民银行发布《关于发布实施金融行业标准规范云计算技术金融应用的通知》，其中明确提出要在充分认识云计算技术的重要性，全面强化云计算技术风险管理，提升云计算技术安全可靠水平的基础上合理规划云计算技术金融应用。

中国信息通信研究院发布的《金融行业云计算技术调查报告（2018）》统计显示，近九成的金融机构已经或计划将云计算技术应用于本机构。而在金融行业中对于云计算的部署方式上，大部分金融机构主要采用私有云或行业云两种模式。其中私有云主要用于存储、运行重要业务系统、存储敏感数据，而行业云则主要是通过金融机构间在云计算领域的合作，加强资源等方面的共享，在金融行业内形成公共基础设施、公共接口、公共应用等一批技术公共服务。通过部署行业云，金融机构可以向外部客户提供一定的数据处理服务，或为一定区域内的相关机构提供资源共享服务。

三、云计算在金融系统的应用分析

当前，金融系统已越来越倾向于数据集中架构，但单纯的数据集中架构有几点不足：一是随着业务发展，技术设施投入将成倍增加；二是规模扩大使系统维护成本和难度增加，但系统运行风险依旧分散；三是未能将集中的数据有效利用。云计算的天然优势可以有效地应对这些风险，引入云计算具有一定的现实意义，但也存在一些急需解决的问题。

（一）引入云计算的现实意义

1. 整合资源，节约成本。在云系统的框架中，所有的数据、应用统一部署和存储在“云端”。对于金融机构来说，这一方式大大降低了各分支机构IT基础建设的比重，在整合数据资源及维护团队的同时降低了整体系统维护成本，也降低了单位数据存储及处理的开销，避免了资源、人员及资金的浪费。阿里云金融云事业部总监徐敏此前对比过一个数据，在国内银行业，大型商业银行单个账户的年IT成本大概是在50元，小银行则能上升到80~100元，而依靠云平台，这方面的成本就可以控制到1元或者更低。

2. 数据存储能力和安全性大幅度提升。在信息技术不断发展的今天，金融系统内用户信息及相关数据资料的数据量大幅攀升，数据存储安全尤为重要。在云计算架构下，几乎全部的数据都集中存储于“云端”，既防止了分散存储导致的空间浪费，也使系统的安全维护更具针对性，再融合“双活”甚至“多活”模式的应用，数据的安全性和可靠性都可以得到大幅度的提升。

3. 数据集中利于大数据分析。通过云计算架构，数据实现了集中存储，通过对海量数据的挖掘和知识发现，可以更好地对用户需求、行业趋势等一系列信息进行深度探索，进而对产品进行更具针对性的优化。例如，民生银行推出的“阿拉丁”平台，就通过对全行数据的集中和挖掘，在降低成本、提高合规性、降低运营风险的同时，实现了数据分析、精准营销、客户需求预判、流失预警和小额批量授信等功能。

（二）云计算在金融系统应用中存在的问题

1. 云计算过于依赖网络的稳定性。由于数据集中存储在“云端”，云计算模式下的数据访问和应用操作都需要联网实现，这都对云计算网络的稳定性和网络运营商的运维保障能力提出了比以往更高的要求。一旦网络不稳定、拥塞甚至中断，不仅会使得用户体验度变差，降低系统性能和反应速度，更有可能导致数据一致性问题，甚至云端故障等一系列连锁问题的发生。

2. 数据中心运维要求高、风险大。由于云计算模式的重心全部在数据中心，随之而来的软硬件维护压力也全部集中到数据中心，为保证业务连续性、数据完整性和系统可用性，运维团队必须要承受比传统模式下系统维护更大的压力和风险。

3. 数据安全及数据使用存在风险。金融系统的数据安全尤为关键。在云计算模式下，海量的金融数据全部存储于“云端”，一旦“云端”数据被非法窃取、损坏或丢失，影响面将不仅限于系统本身。所以保证数据的安全性、一致性也将是云计算需要重点考虑的问题之一。此外，在现有云计算模式下，除私有云外，其他模式的云计算服务商都是第三方机构，即云计算服务提供者，而数据集中存储的“云端”也被云计算服务提供者所拥有，这就导致享有数据优先权的并非企业本身，而是云计算机服务提供者。

四、云计算在金融系统的应用展望

随着信息化技术的不断发展，云计算应用于金融系统利大于弊。未来云计算在金融系统的应用可侧重于两个方向。

（一）对现有系统的升级改造

以中央银行支付系统为例，目前中央银行支付系统遵循“一点接入，一点清算”的模式，虽然在业务运行中起到了提升支付清算效率、改善银行资金流动性、有效控制资金风险等一系列作用，但在系统维护和硬件稳定性方面依旧存在分散性隐患。目前，支付系统参与者异地灾备系统正在逐步推广，但对于一些小型城市商业银行参与者来说，此类方案并不适用。而中央银行支付系统在无锡部署的异地备份城市处理中心可看作云计算模式的一种基础尝试。在建立异地备份城市处理中心基础上，将来还可以建立一个以接纳中小型、小型参与者备份系统为主要功能的异地参与者备份中心，不仅将有效解决此类参与者因为规模小无法建设异地灾备中心的实际难题，更可以大大提升支付系统运行的稳定性和可靠性。

（二）建立和发展金融系统团体云

中国人民银行《关于发布实施金融行业标准规范云计算技术金融应用的通知》明确提出，要在充分认识云计算技术的重要性，全面强化云计算技术风险管理，提升云计算技术安全可靠水平的基础上，合理规划云计算技术金融应用。在金融业这一特殊行业的应用上，团体云相比公有云有着不可替代的优势，那就是数据的安全性。相比私有云，团体云也因其可吸收和容纳更海量的数据而占有更充分的优势。建立金融系统团体云，应以中央银行现有支付、账户、征信等各金融系统为基础，制定范围更广、扩充性更足的统一的数据标准、接口，吸收整合更多与之相关联的数据，在提高数据质量的同时，整合、增加更多功能性应用，通过平台服务、咨询服务、数据服务、产品服务来吸引更多参与者的加入。激发云使用者的参与度，鼓励和帮助云使用者在团体云平台上以更高的积极性、主动性去开发、创造适合自身的数据产品，由此真正释放大数据本身所蕴含的价值。

我国金融科技发展与监管研究

中国人民银行天津分行 魏鹏飞

金融科技是当前的发展潮流，对金融市场、金融业务、金融模式均产生了较大影响，如何平衡创新与安全的关系成为监管部门面临的重要议题。本文对金融科技的作用机理及监管挑战进行了系统分析，总结了我国金融科技的发展情况，在借鉴国外金融科技监管经验的基础上，提出加强顶层设计、发展监管科技、推进穿透式监管和功能监管、推动监管沙盒实践等政策建议。

一、我国金融科技发展情况

金融科技是金融和技术的组合，描述的是金融业务与新兴科技的组合发展，核心是指利用新兴的互联网信息科技改造和创新金融产品和业务模式。关于金融科技的定义，目前认可度较高的是金融稳定理事会（Financial Stability Board，FSB）的定义，即通过技术手段推动金融创新，形成对金融市场、金融机构及金融服务产生重大影响的商业模式、技术应用、业务流程和创新产品等。

（一）我国金融科技发展历程

我国金融科技发展大致经历了以下三个阶段。

1. 金融电子化阶段。2010年之前，金融科技的发展主要是传统金融业务的电子化，表现为商业银行等金融机构应用IT技术实现办公和业务的自动化、电子化。例如，通过核心交易系统、账务系统、信贷系统等自动化系统，商业银行极大地提升了业务效率。同时，一批商业银行推出了网上银行，将线下柜台业务转移到线上。在这一阶段，金融与科技是两个独立的部分，科技作为后台部门存在，为部分金融业务提供技术支持，并不参与金融的核心业务。

2. 互联网金融阶段。2010—2015年，金融科技的发展主要是金融渠道的网络化，主要表现为传统金融机构搭建在线业务平台，对金融渠道进行变革，如互联网基金销售、互联网保险、互联网理财等。同时部分互联网公司利用线上平台从事金融业务，催生出一批创新性的金融产品和模式，如移动支付、P2P网络借贷、众筹等。在这一阶段，互联网技术对金融业的渗透率逐步提升，部分科技企业从后台走到前台，开始从事金融业务。

3. 智能金融阶段。2015年至今，云计算、大数据、区块链、人工智能等关键技术日益成熟，并逐步应用于金融领域，引发了金融信息采集、风险定价、投资决策等流程的变革，在提升效率的同时，进一步降低了风险。这一阶段，金融科技得到大规模应用，金融机构与科技公司进行深入合作，通过技术改变金融运行的模式，解决金融服务中存在的痛点。

（二）我国金融科技发展态势

本文利用清华大学五道口金融学院建立的中国金融科技企业数据库对我国金融科技发展态势进行分析，该数据库包含了全国范围内的18 000余家金融科技企业，覆盖了14个金融科技业务领域。

1. 2012年之前，我国金融科技行业发展相对缓慢，每年成立企业不超过1 000家。2013—2015年，行业发展出现井喷现象，其中2014年和2015年每年成立企业均超过5 000家。而2016年以来，企业数量增长明显放缓，2016年新成立企业1 643家，2017年仅有432家。

2. 我国金融科技行业具有明显的集聚特征，大量的金融科技企业集中于北京、上海、广州三地。其中，北京拥有4 847家金融科技企业，在全国遥遥领先，上海和广州紧随其后，分别有3 873家和3 716家，三地企业数量之和占到全国总数的65.68%。总体来看，经济发达地区的金融科技发展水平明显更高。

3. 根据企业从事的业务领域，金融科技企业数据库将所有企业分为14个类型：互联网银行、互联网券商、互联网保险、互联网基金销售、互联网资产管理、互联网小额商业贷款、互联网消费金融、P2P、数字货币、众筹、支付、信用评估及征信、金融信息服务和金融基础设施。当前，我国金融科技企业的业务领域较为集中，6 000余家从事P2P业务，5 000余家从事金融信息服务，4 000余家从事金融基础设施服务，3 000余家从事互联网资产管理，2 000余家从事互联网消费金融，从事金融基础设施、众筹的企业各1 000余家，其他7个领域的企业均未超过1 000家。

（三）全球金融科技发展比较

根据毕马威发布的《金融科技脉搏》，2018年全球金融科技投融资次数为2 196起，同比增长1.4%，但金额高达1 118亿美元，同比增长了120%。投融资总额增速远超投融资次数增速，原因是2018年出现了若干次大型机构投融资事件。近年来，金融科技领域的投融资愈发活跃，无论是次数还是金额均呈上升趋势。2018年，全球金融科技领域的投融资主要集中于美国、英国和中国。其中，美国投融资金额为525亿美元，占到全球总额的46.96%，体现出美国在全球金融科技领域的领先地位。英国和中国分别以207亿美元和108亿美元紧随其后，三个国家的投融资金额之和占到全球总额的82%。

根据金融科技投资公司H2 Ventures与毕马威联合发布的《2018 FinTech100》，2018年全球百强金融科技公司中共有18家美国企业，使得美国成为上榜企业最多的国家。紧随其后的是英国和中国，分别有12家和11家。美国、英国、中国三国领跑的局面与全球金融科技投融资金额排序一致，说明三个国家在金融科技领域具有强大实力。此外，排名前五的企业有三家来自中国（分别是排名第一的蚂蚁金服、排名第二的京东金融、排名第四的度小满金融），说明我国互联网巨头逐渐向金融科技领域渗透，并已成为全球领先企业。

二、金融科技发展带来的监管挑战

金融科技具有“跨界化、去中介、分布式、智能化”的特点，其对传统金融体系产生较为广泛的影响。金融科技与监管体系的摩擦主要表现在监管理念、监管模式和监管框架三个方面。

首先，金融科技推动了金融中介、金融产品、金融市场的创新，金融行业越发呈现出技术化、数据化、智能化的特点，原有的被动式、响应式的静态监管已难以适应这种改变，金融监管应由被动式、响应式监管变为主动性、包容性监管。监管当局既要将技术作为提升金融服务效率和监管智能化水平的核心手段，又要注重防范技术所带来的风险，转变监管理念，树立主动性、包容性、适应性、功能性、协调性监管理念。

其次，金融科技的跨界化模糊了金融市场的边界，不同金融机构可能存在业务重叠，而监管标准的不统一又导致监管套利的出现。同时，金融科技的发展催生了很多新的金融业态，这类机构不在现行监管框架内，从而出现了监管空白。对此，现行的机构监管模式需要向功能监管和行为监管转变，一方面，对相同功能、相同法律关系的金融产品要按照同一原则进行统一监管；另一方面，凡是从事金融活动的机构都要纳入监管范围。

最后，在金融科技的加持下，从事金融业务的机构越发多元，不仅包括传统金融机构，还有互联网企业、科技企业等，并且部分大型机构的业务涉及多个金融子行业，这对现行的监管框架构成挑战。当前，我国金融监管框架的设计以分业经营为前提，不同金融业态的监管部门各司其职，对于混业经营的趋势，各监管部门需进一步加强合作。

三、国外金融科技监管的经验

美国是金融科技行业的领军者，关于金融科技的监管也走在前列。美国金融科技监管的基本思想是，依托现行金融监管框架按照业务属性实行归口管理。其主要采用功能性监管，即不论金融科技的具体表现形式，凡是金融科技所涉及的金融业务，一并按其功能纳入现有金融监管体系。美国对金融科技的监管相对比较严格，监管以稳定为主。得益于完善的金融法规和成熟的监管体系，美国能够将金融科技纳入现有的监管框架中，如P2P行业，由于涉及资产证券化，因此由美国证券交易委员会（SEC）负责监管。而对于现有法律无法覆盖到的金融科技领域，政府也能及时调整立法，如2012年的《创业企业融资法案》（“JOBS法案”）便填补了美国股权众筹的监管空白。2017年，美国国家经济委员会发布了《金融科技监管框架》白皮书，系统地阐述了美国金融科技监管的原则：一是多角度思考金融生态系统；二是以消费者为中心；三是推动普惠金融安全健康发展；四是认识并克服潜在的技术偏见；五是最大限度地提高透明度；六是努力实现统一的技术标准；七是重点保障网络安全、数据安全和隐私安全；八是提高金融基础设施的效率和有效性；九是维护金融体系稳定性；十是继续加强跨部门合作。这对美国金融科技的发展和监管的完善产生了深远的影响。

英国政府对金融科技发展创新持肯定态度，在营造投资环境、整合教育资源、完善税收监管系统等方面积极作为。对于金融科技的监管，英国政府坚持适中原则，一方面鼓励创新，为金融科技的发展创造自由空间；另一方面保持适度监管，坚决保障金融消费者的权益。其主要特征如下：一是坚持行业自律优先。英国遵循其传统的金融业发展模式，政府给予金融科技充分的发展空间，依靠行业组织对相关企业进行规范性约束，待形成相对成熟的自律准则后，政府再出台统一的监管政策，这种模式增强了行业发展积极性和整体竞争力，促进了金融科技的持续健康发展。二是通过“监管沙盒”对金融科技进行监管。英国是最早推出“监管沙盒”的国家。2016年，英国金融行为监管局（FCA）宣布启动“监管沙盒”计划，即在可控的测试环境中对金融科技的新产品和新服务进行真实或虚拟的测试。该模式在限定的范围内，简化市场准入标准和流程，豁免部分法规的适用，在确保消费者权益的前提下，允许新业务快速落地运营，并可根据其在沙盒内的测试情况决定是否准予推广。该模式自开始实行便受到国际社会的广泛关注，并被引进到世界其他国家和地区。三是大力发展监管科技。以FCA为代表的英国金融监管机构积极参与监管科技生态的建设，通过“创新工程”支持和引导金融机构理解金融监管框架，识别创新中的监管、政策和法律问题；启动金融科技加速器计划，加强与高新技术公司的合作，通过资金扶持或政策扶持，加快金融科技创新的发展和应用。

四、政策建议

（一）加强顶层设计，厘清监管职责

对于金融科技的监管，既要体现传统金融监管的延续性，又要适应现代科技发展的特点。为此，应针对金融科技“业态多样、主体多元、高度关联、动态平衡”的特征，加强顶层设计，明确业务边界、监管分工与监管职责，统筹建立包括“一行两会”、工信、公安等部门及地方政府在内的监管协调机制，建立具有针对性、一致性和有效性的金融科技监管原则、微观指标和监管工具。同时，厘清监管主体职责，形成监管合力，防止出现监管重叠和监管真空。

（二）更新监管思路，推进穿透式监管和功能监管

金融科技具有“跨业态、多领域、链条复杂”的特征，导致金融业态呈现出多元化、混业化、场景化、生态化的趋势。基于分业经营的“机构监管”等传统监管思路，已无法适应新技术驱动的金融发展的需要。为此，应树立可持续、主动、包容的监管导向，大力推进穿透式监管、功能监管和行为监管。一是加强对金融科技业态的本质认识，打破身份标签，按照“实质重于形式”的原则甄别业务性质，根据业务功能和法律属性明确监管规则，积极运用穿透式监管手段强化监管渗透的深度、广度和频度，实现业务风险的全流程识别。二是跳出围绕机构对象的传统监管思路，以功能监管、行为监管为主，对相同或类似的业务采取统一的监管标准，消除监管套利空间，真正适应混业经营趋势下防控交叉金融风险的需要。

（三）推动监管沙盒实践，平衡风险与创新

英国推出的监管沙盒为金融科技创新提供了缩小版的真实市场和宽松版的监管环境，为金融科技创新留出试错空间，对于金融科技行业的发展和监管的完善均起到了促进作用，新加坡、澳大利亚等国家也陆续引入了监管沙盒模式。当前监管沙盒已成为国际上针对金融科技监管的重要工具，我国同样应积极推动监管沙盒实践，平衡好风险防范和金融创新的关系。针对新兴金融业态和产品，在风险可控的条件下展开测试。同时，加强监管当局与金融科技企业的沟通交流，提早了解金融科技业务模式并进行合规辅导，帮助市场主体全面了解监管规则，实现监管与创新协同高效发展。

（四）大力发展监管科技，提升金融科技监管水平

为提升金融科技监管能力，监管部门同样应充分利用大数据、人工智能、云计算等技术，提升跨行业、跨市场交叉性金融风险的甄别、防范和化解能力。一是搭建金融科技信息统计和风险监测体

系，持续、动态地跟踪金融科技发展、演进和风险变化；二是紧跟科技发展潮流和金融科技演进方向，大力发展监管科技，实现监管能力的提升；三是注重专业科技监管人才的储备与培养，提高金融监管人员的素质。

人民银行支付系统助力民营小微企业研究

中国人民银行天津分行　郝渊墨

一、人民银行支付系统概述

我国现行支付体系以人民银行支付系统为主，银行业机构支付系统、金融市场支付系统和第三方服务组织支付系统为辅。人民银行支付系统主要包括大额支付系统、小额支付系统、网上支付跨行清算系统和境内外币支付系统（见表1）。其中，最主要的是大额支付系统、小额支付系统。大额支付系统（HVPS）实行逐笔清算，实时到账；小额批量支付系统（BEPS）处理时间不受时间的限制和约束，可24小时处理业务，日常限额是5万元以下，周六日和法定节假日提升为50万元以下。

表1　　全国支付系统业务量情况统计（2014—2018年）

年份	大额支付系统		小额支付系统		网上支付跨行清算系统		总笔数（亿笔）	总金额（万亿元）
	笔数（亿笔）	金额（万亿元）	笔数（亿笔）	金额（万亿元）	笔数（亿笔）	金额（万亿元）		
2014	7.13	2 346.89	14.36	22.08	16.39	17.79	37.98	2 387.29
2015	7.89	2 952.06	18.35	24.94	29.66	27.76	55.99	3 005.21
2016	8.26	3 616.30	23.48	30.91	44.53	37.46	76.35	3 685.08
2017	9.32	3 731.86	25.28	33.14	84.64	61.72	119.24	3 826.72
2018	10.73	4 353.48	21.83	35.53	120.98	89.05	153.54	4 478.06

中国人民银行支付系统目前分为两个层级，一个是国家处理中心（NPC），另一个是城市处理中心（CCPC）（见图1）。城市处理中心在整个系统中起到承上启下的作用。当间接参与者发起一

笔贷记跨行支付业务时，首先将请求指令发送到代理行，即直接参与者，直接参与者再将指令发送到其所属城市处理中心，城市处理中心再将指令发送到国家处理中心，国家处理中心接到请求指令处理完成后，将支付指令逐级下达到收款行所属城市处理中心，再由所属地城市处理中心下达到所属直接参与者，最后下达到间接参与者。

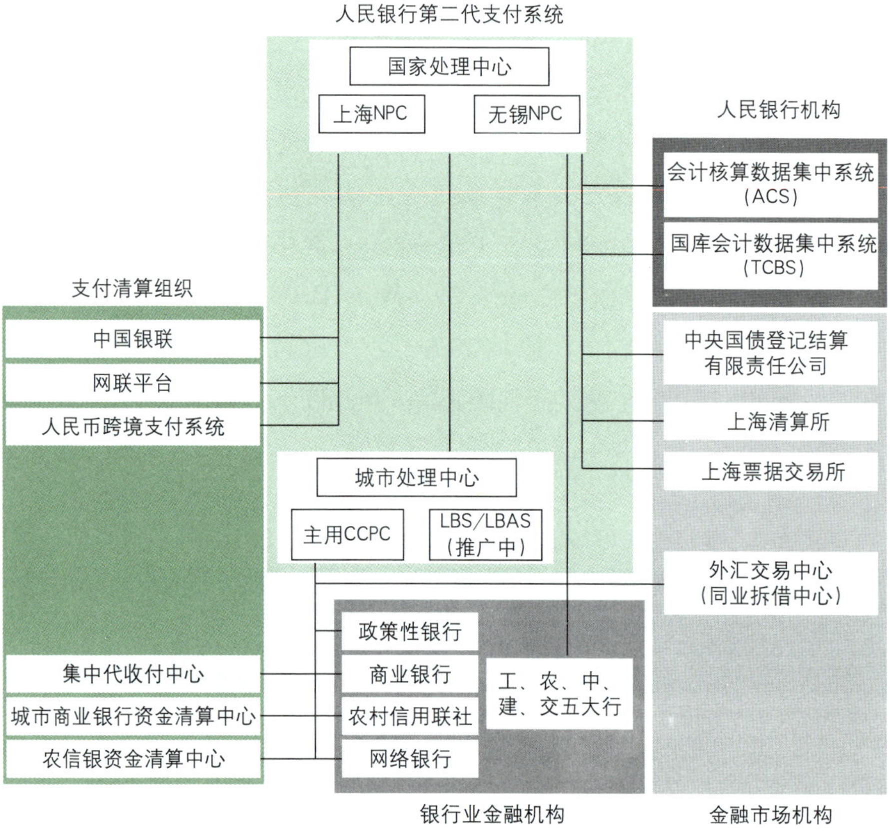

图1 人民银行支付系统架构

二、支付系统助力小微民营企业发展研究

人民银行支付系统作为资金的中转站和流动平台，对资金流转

的监控起到一定作用。从现行支付系统数据中，可以得到每一个参与者的大额支付、小额支付、网上跨行清算等业务的清算次数和清算金额，如表2和表3所示。天津市的数据如表4所示。

从表中可以看出，支付系统中每个参与机构的清算笔数、清算金额都能准确统计。而参与者清算笔数和清算金额在一定程度上反映了其清算规模及业务量等情况，也从一个侧面反映了该参与者这段时期的经济状况和经营状况。因此，如果将民营小微企业接入人民银行支付系统，那么就可以得到这些民营小微企业的资金流转情况、业务量情况等数据，也就能够直观地了解一段时间内这家企业的经营状况。

表2　2018年全国大额支付和小额支付业务前十名

序号	大额支付系统			小额支付系统		
	行别	笔数（万笔）	金额（万亿元）	行别	笔数（万笔）	金额（万亿元）
1	中国工商银行	39 927.44	656.23	中国建设银行	72 236.37	10.36
2	中国建设银行	30 403.01	584.88	中国农业银行	66 387.13	10.85
3	中国农业银行	29 631.00	433.26	中国工商银行	61 651.84	9.21
4	中国银行	14 788.62	348.88	中国银行	34 242.24	5.05
5	招商银行	10 178.36	306.01	招商银行	27 294.36	3.23
6	交通银行	5 568.48	259.85	中国邮政储蓄银行	15 480.17	1.45
7	中国民生银行	4 814.77	212.44	交通银行	10 739.20	1.75
8	中国邮政储蓄银行	4 340.16	180.60	兴业银行	6 651.11	0.88
9	中信银行	4 315.43	233.04	中国民生银行	6 533.62	1.17
10	上海浦东发展银行	3 211.63	258.10	中信银行	5 968.61	0.87

例如，一家处在工业流程中间流程的小微企业如果接入了人民银行支付系统，就可以从其资金流转过程中发现生产经营中的诸多细节，如果它经常给某些处在工业流程原件生产环节的企业转移资金，并且收到工业流程最后环节企业的转移资金，就可以推测出这

个企业在这段时间里是有经济往来的。更具体地，可以了解其交易频繁与否、交易数额大小，以及它的交易周期，这样就能简单判断这家小微民营企业有没有能力偿还贷款，要不要贷款给这个企业，以及贷款的数额和期限等。

表3　　2018年全国网上支付跨行清算业务前十名

序号	网上支付跨行清算系统		
	行别	笔数（万笔）	金额（万亿元）
1	中国建设银行	402 222.14	28.79
2	中国工商银行	379 434.78	23.76
3	中国农业银行	301 289.74	25.16
4	招商银行	236 076.85	15.81
5	中国银行	135 823.55	10.18
6	中国邮政储蓄银行	101 613.94	6.22
7	中国民生银行	80 669.91	7.61
8	交通银行	76 574.47	5.67
9	平安银行	70 367.72	5.37
10	上海浦东发展银行	65 370.21	3.04

表4　　2018年天津市大额支付和小额支付业务前十名

序号	大额支付系统			小额支付系统		
	行别	笔数（万笔）	金额（万亿元）	行别	笔数（万笔）	金额（十亿元）
1	中国农业银行	603.32	7.21	中国建设银行	2 735.80	165.34
2	中国工商银行	498.74	5.93	中国农业银行	1 122.36	197.75
3	中国建设银行	339.87	6.63	上海浦东发展银行	1 055.60	63.73
4	中国银行	257.74	6.69	中国工商银行	620.89	115.84
5	农村商业银行	210.34	10.22	中国银行	501.06	77.22
6	招商银行	192.05	5.02	招商银行	534.10	58.13
7	城市商业银行	166.76	13.99	城市商业银行	282.20	62.95
8	上海浦东发展银行	112.60	5.38	农村商业银行	225.29	46.67
9	中信银行	80.99	2.02	福建兴业银行	179.78	35.99
10	交通银行	59.91	1.19	交通银行	101.81	17.07

同时，运用支付系统还能优化小微金融服务监管考核办法，加强贷款成本和贷款投放监测考核。具体的办法是追踪第一期贷给小微民营企业的资金去向：利用支付系统跟踪参与者的资金走向与往来机构，以及资金往来的数额，再对数据进行分析。这样一方面可以了解该企业的经营状况，另一方面可以看到资金链的潜在风险，由此判断是否向其提供第二期贷款。

在商业银行贷款环节，企业获得第二笔新的贷款的前提是将第一笔贷款还清。目前，不少企业为了能顺利贷到第二笔款，往往通过民间借贷筹集资金偿还第一笔贷款的尾款，再贷第二笔款。这种通过“过桥资金”还旧借新的方式风险很大，而且资金成本很高。为了支持小微企业融资，国家鼓励“无还本续贷”，即企业不需要先归还第一笔贷款，再向银行贷第二笔款。在具体实施时，需要对企业进行全方位的考察，如企业业务的持续性、可靠性，企业的缴费情况，包括水电费、社保等，以及员工的工资发放情况等。这些数据和信息的获取在实际操作中是很难的，通常需要实地走访或到相关部门调查，效率很低，并且可能出现偏差。而这些数据都是可以通过人民银行支付系统来监测和获取的。

此外，为了贯彻落实党中央、国务院“放管服”改革精神和国务院2018年第35次常务会议要求，方便银行、非银行支付机构核查企业相关人员手机号码、企业纳税状态、企业登记注册信息的真实性、有效性，支持推进取消企业银行账户许可、优化企业账户服务、全面加强企业账户事中事后监管工作，人民银行、工业和信息化部、国家税务总局、国家市场监管总局四部门联合建设了企业信息联网核查系统。自2019年6月26日起，工商银行、交通银行、中信银行、民生银行、招商银行、广发银行、平安银行、浦发银行首批上线运行企业信息联网核查系统，可以核查企业相关人员手机号码信息、企业纳税状态信息，未来该系统将开放企业登记注册信息核查功能。其他银行、非银行支付机构按照“自愿接入”的原则申请接入企业信息联网核查系统。

此项举措对民营小微企业来说无疑是福音，财务状况良好、税务状况正常的民营小微企业可以借助企业信息联网核查系统将自己的情况呈现给商业银行和贷款机构，为自己的贷款提供了多一层的信用报告，有利于民营小微企业顺利贷款。对商业银行和贷款机构来说，多了一个可以简单、便捷、清晰地了解民营小微企业经营状况的渠道，也方便了放贷，提高了放贷的可靠性和安全性。

三、结论

小微民营企业发展中遇到的最大问题就是资金问题。小微民营企业融资成本高、融资渠道少，主要原因是小微民营企业自身的经济状况不透明，征信报告并不能完全体现出小微民营企业的经营状况，而人民银行支付系统恰恰可以解决这些问题。如果将小微民营企业接入支付系统，就可以通过支付系统得到与企业相关的数据和信息，将数据和信息加以分析和利用，并配以完备的信用制度，就可以在一定程度上解决一部分小微民营企业的贷款问题及贷款投放监测考核问题。此外，如果将大数据分析技术融入支付系统中，就可使获取的数据和信息聚合起来，并更具结构化，商业银行和信贷公司也就可以更清楚、准确地了解小微民营企业的经济状况、资金状况及信用程度。支付系统的潜力还很大，通过不断地挖掘，会为解决小微民营企业融资难题、助力实体经济发展作出更多的贡献。

金融科技监管中难点与问题研究

中国人民银行廊坊市中心支行 王晓莉

近年来，金融科技已成为推动现代金融产业创新发展的重要力量，其在提升金融效率、降低交易成本、升级金融服务体验方面发挥着日趋重要的作用，越来越多的金融机构运用金融科技手段提升自身产品和服务的竞争力。加强金融科技监管，引导金融科技依法合规发展，既是现阶段深化金融改革的内在要求，也是优化金融资源配置、推进普惠金融发展的本质要求。本文通过对我国金融科技监管现状的分析，深入研究金融科技监管中存在的问题与不足，以期对金融科技的规范发展提供参考。

一、金融科技与科技金融的异同

“金融科技”与“科技金融”是近年来比较热门的词汇，由于二者均没有权威释义，以至于在使用和理解上容易混淆。按照业界较为公允的说法，金融科技是指利用大数据、云计算、区块链、人工智能、物联网等前沿技术开展的服务于金融交易、产品研发和场景搭建的一系列技术手段和应用模式。科技金融较权威的定义是原四川大学副校长赵昌文在《科技金融》一书中的表述：科技金融是促进科技开发、成果转化和高新技术产业发展的一系列金融工具、金融制度、金融政策与金融服务的系统性、创新性安排，是由向科学与技术创新活动提供融资资源的政府、企业、市场、社会中介机构等各种主体及其在科技创新融资过程中的行为活动共同组成的一个体系，是国家科技创新体系和金融体系的重要组成部分。按照以上概念释义，金融科技与科技金融既有关联，又存在本质的差别。

（一）关联性

金融科技与科技金融都是通过大数据、云计算、人工智能等一系列现代科技手段来实现的；促成其快速发展的根本动因是经济主体对金融创新的需求；其产生和发展的最终目的是提升金融效率、改进服务体验、降低交易成本。

（二）差别性

首先，其落脚点不同。金融科技的落脚点是科技，可以理解为是一系列金融优化的手段；而科技金融的落脚点是金融，可以理解为金融优化的成果。其次，实施主体不同。金融科技的落脚点是科技，这决定了其实施主体是多元化的，既可以是金融机构本身，通过自身的技术研发和优化升级来实现；也可以是科技企业、互联网企业和相关类金融机构。科技金融的落脚点是金融，按照我国的法律法规和监管要求，其实施主体只能是持有国家金融牌照的金融机构，如银行、证券、保险、信托等。最后，服务对象不同。金融科技的产品主要是依托于大数据、云计算等科技服务体系的应用和设计，主要服务于金融机构和类金融机构；科技金融的产品可以看做是通过科技手段实现的最终消费品，主要服务于社会公众和经济实体。

二、我国金融科技发展情况

近年来，我国金融科技取得了快速发展，总体水平位居全球前列，特别是优秀金融科技公司的数量和规模处于领先地位，北京、上海、深圳、杭州已成为全球金融科技发展领先城市。根据金融科技投资公司H2 Ventures与毕马威金融科技联合发布第五届年度《2018 FinTech100》，在全球“50强”中，中国有三家企业跻身前五：蚂蚁金服排名第一，京东金融位居第二，百度金融排名第四。

（一）金融高科技市场主体数量巨大

目前，我国金融科技市场主体包括三类：第一类是传统金融机构，包括银行、证券、保险、信托等机构。在金融科技飞速发展的前期，传统金融机构在科技创新方面不占优势。近年来，众多传统机构为重新抢占市场开始重视金融科技，如工商银行、中国银行、建设银行、中国人寿等金融机构均明确了金融科技战略规划，大力推动数字化转型和金融创新。第二类是新型互联网金融机构和类金融机构，包括蚂蚁金服、京东金融、国美金融、百度金服、新网银行、宜信等，其依托金融科技设立，创新能力强，多数机构除满足自身的科技创新需求外，还对外提供科技外包服务。第三类是纯粹的科技服务机构，如阿里云、百度云、华为、东软、浪潮等。这些机构拥有专业化科技开发团队，依托强大的开发能力为金融机构和类金融机构提供环境搭建、系统运维、数据存储及运算、风险防控、精准营销等服务。

由于目前我国对金融科技和科技金融没有权威的划分标准和统计数据，而市场中各类第三方机构统计的金融科技市场主体主要为以上分类的第二类，也就是新型金融机构和类金融机构。根据道口金科公司的金融科技数据库统计数据，我国注册成立的新型金融机构和类金融机构约15 000家。在此基础上，再加上现有的20 000余家传统金融机构和2 000余家为金融机构提供科技服务的科技企业（数据来源于第三方统计机构），我国金融科技市场主体数量接近40 000家。

（二）市场规模逐年增长

第三方统计分析机构——前瞻产业研究院发布的《中国金融行业创新趋势与企业发展战略分析报告》统计数据显示，2018年中国金融科技市场规模超过115万亿元，其中：智能投顾、在线交易平台市场规模超过51万亿元；互联网消费金融、智能风控市场规模超过3万亿元；互联网证券/保险、量化交易工具等市场规模超过60万亿元；金融云服务、大数据征信市场规模超过1万亿元。该研究院预测，到2020年，中国金融科技市场规模超过157万亿元，其中：智能投顾、在线交易平台市场规模超过65万亿元；互联网消费金融、智能风控市场规模超过10万亿元；互联网证券/保险、量化交易工具等市场规模超过80万亿元；金融云服务、大数据征信市场规模超过2万亿元。

三、金融科技监管中存在的难点和问题

金融科技虽然只是一种服务手段，一般不产生直接服务于社会公众的金融消费品，但由于与金融消费品的高度关联性，使其也具备了金融风险隐蔽性、传染性、突发性、负外部性的特征；而且在科技的助推下，金融风险的波及面更广、传染速度更快、溢出效应更强，发生区域性、系统性风险的概率也大大增加。纵观我国金融科技监管发展历程，大体分为以下三个阶段：一是起步阶段，金融信息化建设起步时期，金融科技监管主要聚焦于金融业信息基础设施的完善和信息安全；二是鼓励创新阶段，随着金融科技的广泛应用，金融效率大幅提升，金融科技监管总体较宽松，金融科技创新蓬勃发展；三是逐步规范阶段，金融科技无序发展带来的风险逐步显现，国家对各类金融科技风险开展集中整治，违法违规现象逐步得到规范。但目前金融科技监管仍存在以下几个方面的问题。

（一）从监管依据看，我国尚无专门的金融科技监管法律法规

从现行金融监管法律法规体系来看，针对持牌类正规金融机构金融科技工作的监管主要参照《商业银行法》《证券法》《保险法》《信托法》等法律法规，其他配套的规章制度也对金融科技工作的实施原则和风险防控作出了一些规定，如2013年2月，中国银监会印发了《银行业金融机构信息科技外包风险监管指引》，对银行业机构科技外包的风险评估、监测、管控等环节均进行了明确。针

对非持牌的互联网金融机构和类金融机构，相关监管政策正在逐步完善，特别是2016年国家开展互联网金融风险专项整治以来，各级各部门针对金融资产管理公司、互联网小贷、P2P、股权众筹等领域集中出台了一系列监管办法，初步形成了较为完善的互联网金融监管体系，部分监管办法中对相关金融科技的系统搭建、开发、运维、灾备等进行了规范。而对服务于金融机构的科技服务公司，从金融监管角度看还没有相关监管依据。总体来说，我国尚未出台专门的金融科技法律法规，金融科技的准入标准、技术规范、监管要求等存在着不完整、不全面、不统一的情况。

（二）从监管范围看，服务于金融机构的科技服务公司未被纳入金融监管体系

按照上文中对金融科技市场主体的分类，第一类市场主体，即持牌的传统金融机构主要由人民银行、银保监会、证监会等国家金融监管部门进行监管。第二类市场主体，即新型互联网金融机构和类金融机构，其中属于持牌机构的银行、证券、保险、基金、支付等机构，由国家相应金融监管部门负责管理；非持牌机构如众筹、P2P、小贷、典当、融资租赁等，一般由地方金融管理部门管理。第三类市场主体，即为金融机构提供科技服务的科技服务公司，其市场准入和监管主要归属市场管理部门，现行金融政策法规无法对其形成有效约束力，因此未纳入金融监管体系。但从其业务相关性来说，该类金融科技机构主要是负责金融机构业务系统的搭建、运维及相关数据分析，掌握或存储着大量金融数据信息，将其排除在金融监管体系之外，可能对金融机构的系统安全、信息安全形成风险隐患。

（三）从监管内容看，金融科技监管实务一般更多关注产品应用而非底层科技研发

一方面，监管部门对金融机构的监管主要集中于业务运营方

面，更多关注其产品、服务及相关后台业务的合规性、合法性，而未将其科技研发的合规性纳入监管范围；另一方面，在金融科技创新推出的金融产品方面，金融监管一般更多关注金融产品的合规性而非底层科技研发的安全性。如2006年12月，中国银监会印发了《商业银行金融创新指引》。该指引鼓励商业银行通过引入新技术、采用新方法、开辟新市场、构建新组织等方式开展金融创新，并从金融创新活动的基本原则、运行机制、操作规程、风险防控、消费权益保护等方面规定了具体标准和监管原则，但对于金融创新产品运用的底层技术未明确监管范围和监管要求，在信托、保险、证券及网络借贷等新金融领域也同样存在类似的问题。这在一定程度上让监管部门无法准确判断该金融产品的真实风险性。

（四）从监管方式看，现行监管手段无法满足金融科技飞速发展的需要

随着大数据、云计算、人工智能、区块链的广泛应用，金融科技的分布式、去中心化、跨界融合等特征日益明显，金融数据运算、金融交易结算的复杂程度越来越高，处理速度越来越快，金融交易风险监测、监管的难度越来越大，发生风险后处置的及时性、有效性也受到挑战。从金融科技支持的金融产品来看，各机构创新性金融产品和服务也呈现出多元、多层、融合的特点，监管部门风险识别的难度在增加，特别是部分违规产品披着金融科技的外衣进入市场，存在较大的隐蔽性，实施监管穿透的复杂性也越来越高。此外，相对于快速增加的监管对象和纷繁复杂的海量金融数据，目前有限的监管力量在监管效率、监管频度、监管质量方面均难以满足金融科技发展的需要。

四、应尽快构建全面高效的金融监管体系

近年来，各国对金融科技的态度呈现出在从严管控的基础上

鼓励创新的趋势。2018年，国际货币基金组织和世界银行联合发布《巴厘金融科技议程》，指出金融科技可能带来法律监管、货币金融体系及国际监管合作等方面的挑战。此后，各国更是针对金融科技创新出台了一系列新的措施，如英国财政部发布了《金融科技发展战略》，推出多项金融科技监管举措；美国财政部发布了《创造经济机会的金融体系：非银金融、金融科技和创新》报告，就金融科技业态监管、监管沙箱和监管科技等提出建议，该国监管局还宣布增设金融创新办公室，以应对整个金融行业创新带来的机遇和挑战；墨西哥通过了《金融科技法》，明确了金融科技机构的服务属性、业务边界等；新加坡、泰国、韩国、印度等多国推出了金融科技监管沙盒计划等。可见，构建全方位金融科技监管体系已成为大势所趋。

（一）建立完善金融科技监管制度体系

结合当前金融科技监管中存在难点和问题，建议由中国人民银行或银保监会牵头制定完善金融科技监管法律法规和制度体系，对金融科技的准入标准、技术规范、监管要求进行规范和统一，解决金融科技监管中存在的监管依据不足等问题。

（二）对参与金融科技开发的科技公司实施一致性监管

设立科技公司参与金融服务准入门槛，对参与重要金融数据和个人信息数据筛选、分析、存储，对参与金融核心系统搭建、运维的科技公司实施准入管理，明确准入标准和参与要求，并对其实施必要的技术安全和风险评估；同时，参照其业务归属，科技公司由其服务对象的对口监管部门进行监管。引导实施科技外包的金融机构加强自身科技能力建设，确保掌握关键技术，维护系统平稳运行，防止数据灭失和泄露。充分发挥行业自律组织在金融科技规范发展方面的积极作用，制定完善金融科技研发标准体系，搭建常态化风险监测和评估系统，对金融科技风险进行监测和管控。

（三）参考国际经验提升金融科技监管的有效性

英国于2015年针对金融科技发展提出了“监管沙盒”理念，并于2016年起探索多项技术在金融监管领域中的应用；2018年，英国金融行为监管局发布了《关于利用技术实现更加智能的监管报送的意见征询报告》，进一步完善了金融监管的技术手段，取得了积极成效。建议参照英国经验，一是关注风险管控与鼓励创新之间的关系，在确保风险可控的基础上，鼓励和引导金融科技创新，通过“监管沙盒”等方式为金融科技创新提供试验空间。二是加快金融科技在金融监管领域的应用，充分运用大数据、云计算等现代科技完善金融监管手段，弥补监管不足，提升监管水平。三是平衡监管重点，在继续加强对金融科技终端产品监管的技术上，关注其底层技术应用的合规性和安全性，弥补监管漏洞。

专题

天津市金融运行报告（2019）

天津市金融运行报告（2019）

中国人民银行天津分行货币政策分析小组

[内容摘要]

2018年，天津市深入贯彻落实习近平总书记对天津工作提出的“三个着力”[①]重要要求，坚持稳中求进工作总基调，聚焦高质量发展，扎实推进“五位一体”总体布局和“四个全面”战略布局在天津的实施，在“五个现代化天津”[②]建设进程中迈出坚实步伐。全市经济整体保持平稳运行且逐季向好，全年实现生产总值18 809.6亿元，增速3.6%，供给侧结构性改革深入推进，产业结构进一步优化，新动能加快成长，需求结构优化升级，高质量发展的态势正在形成。全市金融业认真贯彻落实稳健中性的货币政策，金融运行总体稳定，各主要金融业务平稳发展，总量稳步提升、结构不断优化，直接融资比重明显提高，民营和小微企业融资难题有所缓解，金融服务实体经济的效能得到较大提升。

经济运行主要呈现以下特点：一是经济运行逐季向好，需求结构优化升级。全年实现生产总值同比增速分别比第一季度、上半年和前三个季度加快1.7个、0.2个和0.1个百分点。民间投资和第三产业投资增速分别快于全市投资10.0个和0.3个百分点；消费升级步伐加快，服务消费增长较快，全市居民人均消费性支出中服务性支出增长12.2%；外贸出口增速实现由负转正，外商投资平稳增长，全年美元口径的货物进出口总额增长8.5%，其中出口增长12.0%，四年来首

①着力提高发展质量和效益、着力保障和改善民生、着力加强和完善党的领导。

②创新发展、开放包容、生态宜居、民主法治、文明幸福的现代化天津。

次实现正增长。二是产业结构进一步优化，服务业贡献不断提高。第三产业的比重较上年提高0.4个百分点，现代都市型农业快速发展，田园综合体、现代农业产业园、共享农庄等新业态加快发展；工业质量效益提高，全年规模以上工业企业利润总额增长11.1%。三是科技创新能力不断提高，新动能不断集聚。人工智能、生物医药、新能源新材料等新兴产业进一步壮大，腾讯、华为等大数据中心和新松机器人、中核质子医疗、三峡新能源等项目相继落地。集成电路原片、服务机器人等产量实现倍增，人工智能形成了以“天河一号”超算、曙光计算机等为代表的自主安全可控全产业链，滨海高新区、中新天津生态城获批国家新型工业化产业示范基地。融资租赁资产总额占到全国四分之一，飞机、国际航运船舶、海工平台等跨境租赁业务总量在全国占比均达到80%以上。全市综合科技创新水平居全国前列。四是供给侧结构性改革深入推进，市场活力不断增强。工业产能利用率78.5%，同比提高1.4个百分点，规模以上工业企业资产负债率为57.9%，是2013年以来最低水平。民营经济活跃度进一步提升，2018年，全市新登记市场主体中民营市场主体占比达98.9%，民间投资增长4.4%，快于全市投资10.0个百分点。五是价格水平总体稳定，劳动力成本持续上升。居民消费价格同比增长2.0%，较上年下降0.1个百分点，连续三年稳定在2%左右；工业生产者购进价格同比上升6.2%，工业生产者出厂价格同比上升5.4%，分别较上年下降4.9个和3.0个百分点；工资水平保持较快增长，从业人员年均工资80 547元，同比增长7.2%。六是财政收入降幅收窄，收入结构持续改善。一般公共预算收入2 106.2亿元，降幅比上年收窄1.6个百分点，其中，税收收入1 624.8亿元，同比增长0.8%，占一般公共预算收入比重为77.2%，较上年提高7.7个百分点。

金融运行主要呈现以下特点：一是银行业稳步发展，信贷结构进一步优化。2018年末，天津市银行业金融机构资产和负债总额分别为4.9万亿元和4.7万亿元，同比分别增长1.3%和1.5%，全年实现营业收入1 113.0亿元，同比上升1.2%。各项存款余额30 983.2亿元，同比增长0.1%。各项贷款余额34 084.9亿元，同比增长7.9%，其中普惠小微贷款、科学研究和技术服务业贷款、保障性住房开发贷款余额同比增速分别较上年提高12.8个、29.9个和21.5个百分点。小微企业贷款利率明显下降，12月小微企业一般贷款加权平均利率5.30%，同比回落0.11个百分点，比全部一般贷款加权平均利率低0.26个百分点。不良贷款有所上升，但资产质量真实性增强。二是证券业交易额总体有所回落，各类业务表现分化。2018年，天津市新增境内外上市和新三板挂牌企业18家，累计达到259家，年末证券账户516.8万户，同比增长8.2%，全年各类证券交易额37 183.7亿元，同比下降14.6%。法人证券公司盈利能力增强，全年实现净利润5.8亿元，较上年增加3.2亿元；法人基金公司基金管理规模下降，管理基金净值较年初减少4 472.3亿元；法人期货公司交易规模增长较快，全年代理交易额同比增长30.6%。三是保险业总体平稳，资产规模较快增长。在津保险类机构3 936家，保险从业人员9.9万人；保险机构资产总额1 402.9亿元，同比增长9.2%；全年实现保费收入560.0亿元，同比下降0.9%。四是直接融资快速增长，金融市场交易活跃。2018年，全市新增地区社会融资规模3 074.8亿元，比上年少增390.5亿元，其中，直接融资714.6亿元，同比多增894.2亿元，直接融资比重为23.2%，同比上升28.4个百分点。全市非金融企业在银行间债券市场发行债务融资工具1 548.6亿元，同比增长80.8%，全国首单中长期民营企业债券融资支持工具在津成功落地。其他金融市场交易活跃，银行间同业拆借市场交易金额29 026.5亿元，同比增长126.0%；债券回购交易金额316 912.5亿元，同比增长48.9%；银行承兑汇票余额3 645.5亿元，同比增长16.0%。五是金融服务效能不断提升，金融生态环境持续优化。推出金融服务实体经济创新产品138项，设立百亿元智能制造财政专项资金，依托海河产业基金打造千亿级新一代人工智能科技产业基金和项目群、300亿元生物医药产业母基金群。支付服务体系稳健发展，征信基础设施建设进一步加强，两大征信平台助力企业获得2 844.3亿元的信贷支持，金融消费权益保护工作机制进一步建立健全。六是有效化解国企债务问题，防范化解金融风险攻坚战取得积极进展。有效管控政府债务，“精准拆弹”化解国有企业突出债务问题，开展全市金融风险大排查，推进P2P网贷等互联网金融风险专项整治，严厉打击非法集资活动，守住了不发生区域性、系统性金融风险的底线。

当前，天津市经济金融仍存在全社会创新创业氛围不浓厚、营商环境仍待改善、国有资产运营效率低下、民营经济发展不充分等问题。2019年，天津市将认真学习贯彻习近平总书记视察天津重要指示和在京津冀协同发展座谈会上重要讲话精神，进一步抢抓京津冀协同发展重大机遇，依托自贸试验区、自主创新示范区、国家级开发区等改革开放平台，有效发挥区位优势、历史优势，加快经济结构优化升级，保持经济持续健康发展和社会大局稳定，推动创新发展、开放包容、生态宜居、民主法治、文明幸福的现代化天津建设取得突破性进展。金融业将进一步提升服务实体经济的能力和水平，大力支持经济转型升级和结构调整，不断深化民营和小微企业金融服务，深度融入京津冀协同发展重大战略实施，有效防控和妥善处置金融风险，积极推进科技金融、物流金融、航运金融、租赁金融、绿色金融等发展创新，进一步完善金融基础设施建设和金融管理能力建设，助力天津市经济高质量发展。

一、金融运行情况

2018年，天津市金融业认真贯彻落实稳健中性的货币政策，金融运行总体稳定，各主要金融业务平稳发展，总量稳步提升、结构不断优化，直接融资比重明显提高，民营和小微企业融资难题有所缓解，金融风险得到有效管控，金融改革创新不断推进，金融生态环境持续优化，金融服务实体经济效能提升。

（一）银行业稳步发展，信贷结构进一步优化

1. 资产、负债和营业收入平稳增长，净利润明显下降。2018年末，天津市银行业金融机构资产总额4.9万亿元，同比增长1.3%，增速较上年下降1.4个百分点；负债总额4.7万亿元，同比增长1.5%，增速较上年下降0.9个百分点。全年实现营业收入1 113.0亿元，同比上升1.2%；实现净利润279.3亿元，同比下降40.5%，降幅较上年扩大31.4个百分点。当年新增国泰金融租赁股份有限公司和中煤科工金融租赁有限公司两家银行业法人机构。

表1　　2018年天津市银行业金融机构情况

机构类别	营业网点			法人机构（个）
	机构个数（个）	从业人数（人）	资产总额（亿元）	
一、大型商业银行	1 270	28 498	13 213	0
二、国家开发银行和政策性银行	13	587	3 111	0
三、股份制商业银行	453	10 343	8 159	1
四、城市商业银行	316	7 694	8 854	1
五、城市信用社	0	0	0	0
六、小型农村金融机构	535	8 118	4 799	2
七、财务公司	8	236	645	7
八、信托公司	2	435	125	2
九、邮政储蓄银行	399	4 554	1 019	0
十、外资银行	45	1 503	792	1
十一、新型农村金融机构	108	1 424	303	18

续表

机构类别	营业网点			法人机构（个）
	机构个数（个）	从业人数（人）	资产总额（亿元）	
十二、其他	18	2 788	8 421	15
合计	3 167	66 180	49 441	47

注：营业网点不包括国家开发银行和政策性银行、大型商业银行、股份制商业银行等金融机构总部数据；“大型商业银行”包括工商银行、农业银行、中国银行、建设银行和交通银行；“小型农村金融机构”包括农村商业银行、农村合作银行和农村信用社；“新型农村金融机构”包括村镇银行、贷款公司和农村资金互助社；“其他”包含金融租赁公司、汽车金融公司、中德住房储蓄银行、金城银行。

数据来源：天津银保监局。

2.存款小幅增长，存款结构变化较大。2018年末，天津市本外币各项存款余额30 983.2亿元，同比增长0.1%，较上年下降2.8个百分点，较年初新增42.4亿元，同比少增831.4亿元。其中，住户存款较年初增加1 188.6亿元，同比多增773.8亿元；非金融企业存款较年初下降516.9亿元，同比少增711.0亿元；外币各项存款同比下降14.5%，较年初减少26.5亿美元，同比多减61.5亿美元。全市存款增长面临较大压力，银行主动运用多种负债产品稳定存款，2018年末，结构性存款较年初增加956.9亿元，同比增长62.5%，大额存单较年初增加573.2亿元，同比增长102.5%。

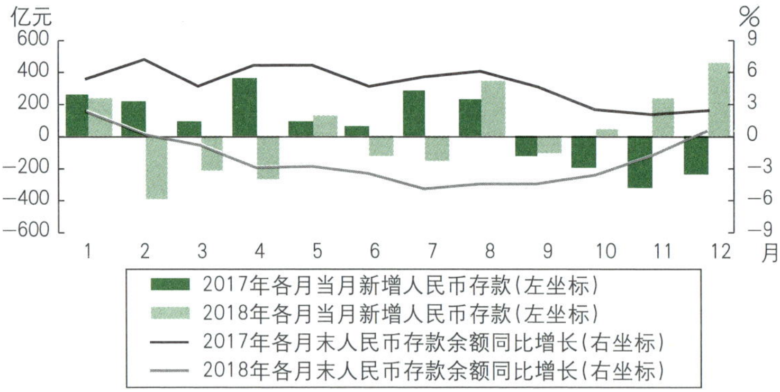

数据来源：中国人民银行天津分行。

图1　2017—2018年天津市金融机构人民币存款增长变化情况

3.贷款平稳增长，对重点领域投放力度进一步加大。2018年末，天津市本外币各项贷款余额34 084.9亿元，同比增长7.9%，较上年下降2.1个百分点，全年新增2 439.1亿元，同比少增409.4亿元。其中，普惠口径小微贷款余额同比增长达31.4%，较上年提高12.8个百分点；科学研究和技术服务业贷款余额同比增长21.1%，较上年提高29.9个百分点；保障性住房开发贷款余额878亿元，同比增长30.5%，较上年提高21.5个百分点；住户短期消费贷款余额602.9亿元，同比增长145.0%，较年初新增356.9亿元，是2017年全年增量的4.5倍。外币各项贷款余额同比回落1.9%，较年初下降9.4亿美元，同比少增39.1亿美元。

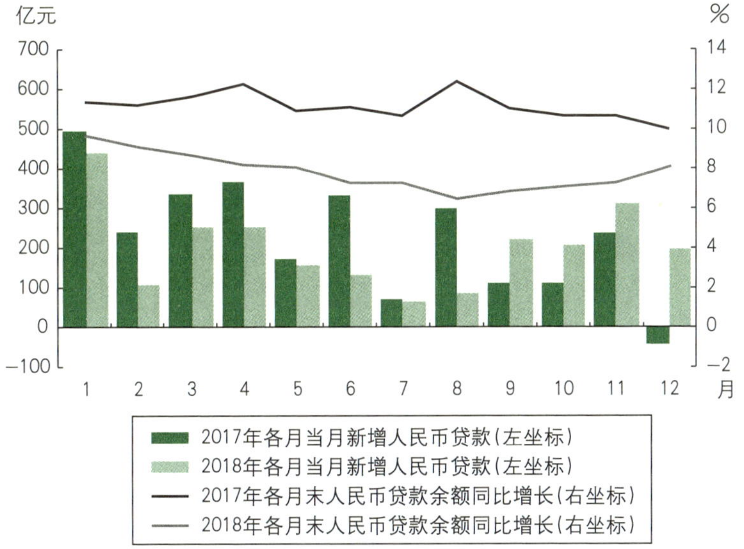

数据来源：中国人民银行天津分行。

图2　2017—2018年天津市金融机构人民币贷款增长变化情况

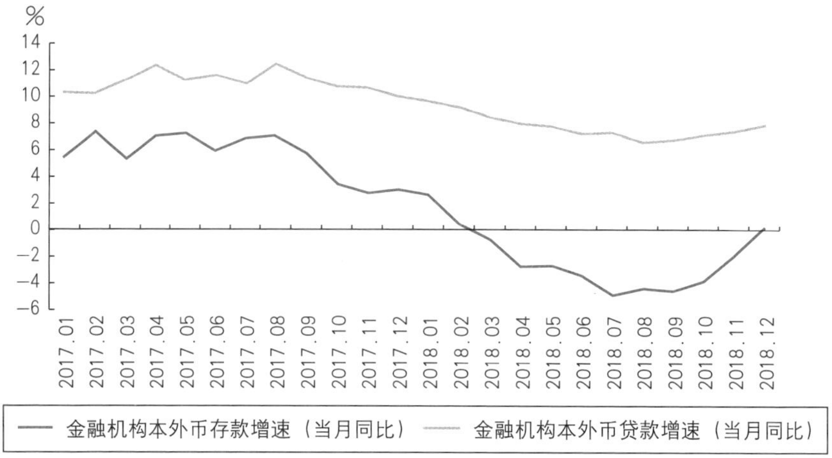

数据来源：中国人民银行天津分行。

图3 2017—2018年天津市金融机构本外币存、贷款增速变化情况

4. 表外业务总体下降，仅担保类业务小幅增长。2018年末，天津市银行业金融机构担保类、承诺类、金融资产服务类、金融衍生品类四类表外业务合计余额同比下降12.2%。其中，担保类表外业务同比增长1.6%，承诺类、金融资产服务类和金融衍生品类表外业务同比分别下降7.9%、14.0%和30.1%。

5. 小微企业贷款利率明显下降，货币政策工具引导作用显著。2018年，天津市金融机构人民币企业一般贷款加权平均利率为5.24%，比上年上升0.36个百分点。但第四季度企业一般贷款利率快速回落，较第三季度下降0.20个百分点，其中小微企业一般贷款加权平均利率下降了0.23 个百分点。12月，全市小微企业一般贷款加权平均利率为5.30%，同比回落0.11个百分点，比全部一般贷款加权平均利率低0.26个百分点。货币政策工具的有效运用对降低小微企业贷款利率发挥了重要作用。2018年，中国人民银行天津分行累计发放再贴现53.2亿元，是上年的3.0倍，单笔金额在500万元以下的票据占比达97.0%，办理再贴现票据的贴现加权平均利率为4.4%，较上年降低近50个基点，其中小微企业票据贴现利率降幅为54个基点。相关金融机构借用支小再贷款发放的小微企业和民营企业贷款加权平均利率为6.49%，低于金融机构运用自有资金贷款利率22个基点。

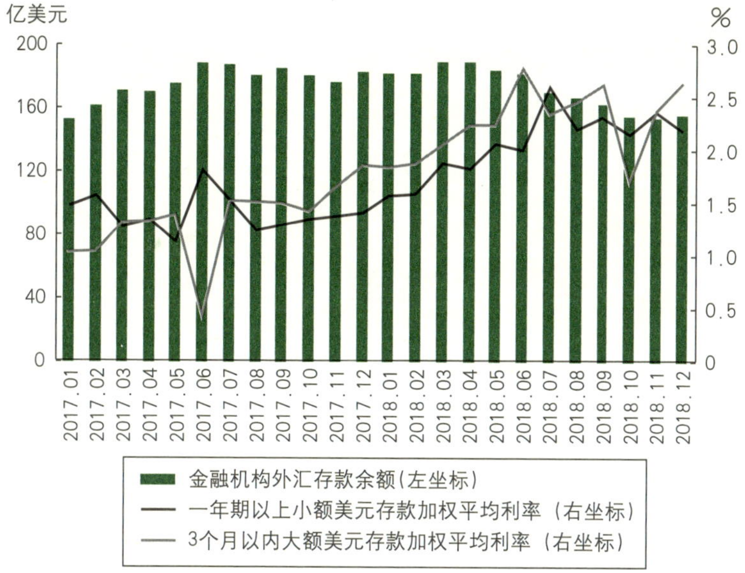

数据来源：中国人民银行天津分行。

图4　2017—2018 年天津市金融机构外币存款余额及外币存款利率

表2　2018年天津市金融机构人民币一般贷款各利率浮动区间占比情况

单位：%

月份		1月	2月	3月	4月	5月	6月
合计		100.0	100.0	100.0	100.0	100.0	100.0
下浮		17.7	7.3	13.9	16.2	9.5	10.1
基准		19.2	26.4	16.1	11.8	16.7	21.1
上浮	小计	63.1	66.3	70.0	72.0	73.8	68.8
	(1.0，1.1]	21.6	28.0	22.6	21.8	22.5	23.9
	(1.1，1.3]	18.4	13.8	17.9	22.6	25.0	20.2
	(1.3，1.5]	12.6	12.8	15.2	13.4	10.9	9.6
	(1.5，2.0]	7.7	7.1	12.0	10.1	10.6	11.6
	2.0以上	2.8	4.5	2.3	4.2	4.7	3.4

续表

月份		7月	8月	9月	10月	11月	12月
合计		100.0	100.0	100.0	100.0	100.0	100.0
下浮		14.0	16.8	16.6	23.8	19.2	17.7
基准		15.0	15.8	12.0	13.4	10.8	20.8
上浮	小计	71.0	67.4	71.4	62.8	70.0	61.5
	(1.0，1.1]	20.7	14.3	20.3	17.0	17.7	20.2
	(1.1，1.3]	19.7	21.1	21.0	12.5	19.7	15.5
	(1.3，1.5]	9.9	10.1	10.9	10.4	12.7	10.7
	(1.5，2.0]	13.8	12.3	12.4	16.4	14.9	9.9
	2.0以上	6.8	9.5	7.0	6.4	5.0	5.3

数据来源：中国人民银行天津分行。

6. 不良贷款有所上升，资产质量真实性增强。2018年末，天津市银行业不良贷款余额939.1亿元，比年初增加262.0亿元，不良贷款率2.6%，比年初提高0.6个百分点。关注类贷款余额1 672.1 亿元，比年初增加114.5亿元，逾期90天以上贷款与不良贷款的比率较上一年下降了0.07个百分点。

7. 人民币跨境收付量下降，资金净流出增幅明显。2018年，全市人民币跨境收付2 139.8亿元， 同比下降10.5%。其中，实收966.0亿元，同比下降14.0%，实付1 173.9亿元，同比下降7.5%。实收降幅大于实付降幅，资金净流出207.9亿元，同比增长41.7%。经常项下资金净流出261.2亿元， 同比减少7.8%，资本项下资金净流入53.3亿元， 同比减少61%。与中国香港发生的人民币跨境收付量占比38.6%，同比增长3.5个百分点，欧美国家占比28.9 %，同比下降3.5个百分点。境内主体参与积极性提升，2018年新增企业1 040家，同比增长17.3%。

（二）证券业交易总体有所回落，各类业务表现分化

2018年，天津市新增境内外上市和新三板挂牌企业18家，累计达到259家，年末证券账户516.8万户，同比增长8.2%。全年各类证

券交易额37 183.7亿元，同比下降14.6%。其中，股票交易额17 661.7亿元，同比下降20.8%；债券交易额16 930.5亿元，同比下降13.5%；基金交易额2 526 亿元，同比增长58.1%。期货市场成交额66 614.9 亿元，同比增长10.2%。

表3　2018年天津市证券业基本情况

项目	数量
总部设在辖内的证券公司数（家）	1
总部设在辖内的基金公司数（家）	1
总部设在辖内的期货公司数（家）	6
年末国内上市公司数（家）	50
当年国内股票（A股）筹资（亿元）	9.1
当年发行H股筹资（亿元）	0.0
当年国内债券筹资（亿元）	2740.0
其中：短期融资券筹资额（亿元）	652.0
中期票据筹资额（亿元）	801.0

数据来源：天津证监局、中国人民银行天津分行。

1. 法人证券公司资产规模下降，盈利能力增强。2018年末，法人证券公司资产总额482.2亿元，同比下降9.7%；负债总额283.1亿元，同比下降15.1%；实现净利润5.8亿元，较上年增加3.2亿元。法人证券公司各项风控指标优于监管预警标准。

2. 法人基金公司资产规模增加，管理基金规模下降。2018年末，法人基金公司资产总额105.5亿元，比年初增加31.4亿元；负债总额19.1亿元，比年初增加0.7亿元。法人基金公司主动缩减货币基金规模，降低单一产品集中度，2018年末，共管理基金45只，基金净值13 420.7亿元，比年初减少4 472.3亿元，同比下降25.0%。

3. 法人期货公司资产规模和业务规模均较快增长。2018年末，6家法人期货公司资产合计94.0 亿元，同比增长22.6%，净资产总额22.7亿元，同比增长2.6%。全年代理交易额44 222.0亿元，同比增长30.6%，代理交易量6 960.8万手，同比增长17.9%。

（三）保险业业务发展总体平稳，人身险占据主导

2018年，天津市共有保险类机构3 936家，保险从业人员9.9万人，经营主体保持稳定，资产规模总体增长，保费收入有所下降，人身险在保险市场业务中占据较大比重。

1. 资产规模总体增长，财产险公司资产下降。2018年末，天津市共有保险总公司6家，省级以上分公司63家。保险公司在津分支机构资产总额1 402.9亿元，同比增长9.2%,其中，人身险公司资产总额1 278.6亿元，同比增长11.8%，财产险公司资产总额124.3亿元，同比下降12.0%。

表4　　2018年天津市保险业基本情况

项目	数量
总部设在辖内的保险公司数（家）	6
其中：财产险经营主体（家）	2
人身险经营主体（家）	4
保险公司分支机构（家）	63
其中：财产险公司分支机构（家）	26
人身险公司分支机构（家）	37
保费收入（中外资，亿元）	559.98
其中：财产险保费收入（中外资，亿元）	144.44
人身险保费收入（中外资，亿元）	415.54
各类赔款给付（中外资，亿元）	164.14
保险密度（元/人）	—
保险深度（%）	—

数据来源：天津银保监局、中国人民银行天津分行。

2. 保费收入总体略有下滑，财产险公司收入增长。2018年，天津市保险业共实现保费收入560.0亿元，同比下降0.9%。其中，人身险保费收入415.54亿元，同比下降1.9%；财产险保费收入144.44亿元，同比增长2.0%。财产险保费收入中，企业财产保险、责任保险、保证保险、意外伤害保险保费收入同比分别增长6.8%、29.4%、46.5%和38.8%，车险保费收入104.9亿元，同比下降0.8%。

3. 人身险公司销售渠道有所调整，个人代理大幅上升。2018年，银邮代理渠道实现保费收入130.5亿元，同比下降23.2%；公司直销渠道实现保费收入35.9亿元，同比下降1.1%；个人代理渠道实现保费收入230.3亿元，同比增长13.1%，占原保险保费收入的56.4%，同比提高7.7个百分点。

（四）直接融资快速增长，金融市场交易活跃

1. 直接融资比重显著提高，融资效率进一步提升。2018年，天津市新增地区社会融资规模3 074.8亿元，比上年少增390.5亿元。其中，本外币各项贷款2 304.1亿元，同比减少558.8亿元，贷款占新增地区社会融资规模的74.9%，较上年下降7.7个百分点；表外融资减少1 054.7亿元，同比多减1 076.8亿元，“去通道”“缩链条”态势明显。实体经济直接融资714.6亿元，同比增加894.2亿元，占新增地区社会融资规模的23.2%，较上年大幅提高28.4个百分点。其中，非金融企业在银行间债券市场发行债务融资工具1 548.6亿元，同比大幅增长80.8%，净融入资金413.09亿元。

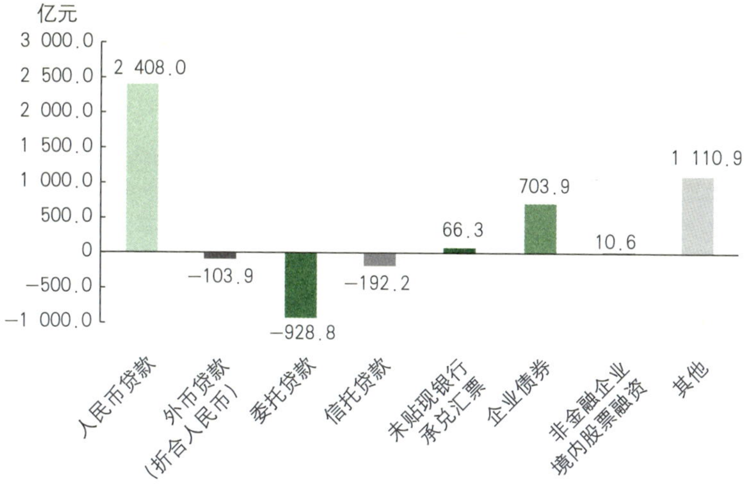

数据来源：中国人民银行天津分行。

图5　2018年天津市社会融资规模

2. 货币市场交易活跃，市场利率有所下行。2018年，天津市相关机构在银行间同业拆借市场的交易金额29 026.5亿元，同比增加126.0%，净融入资金8 276.7亿元，同比增加6.0%，隔夜和7天拆借金额占比92.0%，拆入和拆出加权平均利率同比分别下降22个和29个基点。债券回购交易金额316 912.5亿元，同比增长48.9%，质押式回购占比98.6%，质押式正回购和逆回购加权平均利率同比分别下降30个和7.9个基点。现券买卖累计交易金额36 482.7亿元，同比下降12.0%，现券买入和卖出收益率同比分别下降0.75个和0.69个百分点。

专栏1

天津市非金融企业利用银行间债券市场融资情况

2018年，天津市进一步加大直接融资工作推动力度，中国人民银行天津分行着力加强对主承销银行的组织引导，全年非金融企业债务融资工具发行量大幅增长，新政策、新产品快速落地运用，全市企业的债券市场融资环境有效改善，发行难度和发行成本明显降低。

一、发行量快速增长，成为企业融资的重要渠道。2018年，天津市非金融企业在银行间债券市场发行债务融资工具1 548.6亿元，同比增长80.8%，高于全国近50个百分点，净融入资金413. 1亿元，同比多增530.7亿元，资金净融入量占全市新增直接融资的58%。截至2018年末，全市非金融企业债务融资工具存量规模3 726.6亿元，同比增长11.0%。

二、发行人结构进一步优化，民企份额增加。2018年，天津市新增8家首次发行人，发行人累计103家，所属行业包括信息技术、医疗健康等重点支持领域。民营企业债券融资支持政策得到有效落实，天津市民企债券的市场认可度提高，全年发行金额119.5亿元，是上年同期的2.4倍。全国首单中长期民营企业债券融资支持工具在天津成功落地，帮助发行人实现4.45%的较低发行价格，创2017年以来境内民营企业同期限债券发行最低价，比发行人上期同类产品发行利率低94个基点。

三、中长期债券品种比重提高，证券化产品增长显著。2018年，一年期以上的中长期产品发行金额882.0亿元，占比57.0%，比重较上年上升10. 4个百分点。资产支持票据规则修订等利好因素对资产支持票据市场产生明显提振作用，全年天津市企业发行资产支持票据65.0亿元，是上年同期的6.0倍。

四、整体发行利率回落，低评级企业融资成本较高。2018年，天津市非金融企业在银行间债券市场的融资价格震荡下行，全年加权平均利率为5.25%,同比下降35个基点，与同期天津市企业贷款利率基本持平。不同评级企业之间的利差进一步扩大，AA级以下（含）企业的加权平均融资价格7.11%，高于AA+级以上（含）企业188个基点，利差较上年扩大101个基点。

五、债券融资环境总体有所改善，低评级企业发行难度较大。2018年，天津市进一步加强债券风险防范和处置力度，主动做好市场沟通和舆情管理工作，债券市场融资环境得到改善。全年债务融资工具取消发行18只，金额126.5亿元，同比下降31.9%，取消发行金额占总发行计划的7. 6%，较上年下降10个百分点，发行难度总体上较2017年明显下降。但AA级以下（含）企业发行金额占比仅2.71%，较上年下降16.09个百分点。

3. 票据市场稳健发展，电票覆盖率持续提高。2018年末，天津市银行承兑汇票余额3 645.5亿元，较年初增加502.1亿元，同比增长16.0%，票据贴现加权平均利率为4.78%，较上年下降30个基点。共办理电子商业汇票承兑业务18.7 万笔，金额6 237.7亿元，占全部商业汇票业务的比例分别为76.1%和97.0%，分别较上年提高40.9个和11.7 个百分点。

（五）金融生态环境持续优化，金融服务效能不断提升

1. 支付服务体系稳健发展，服务范围不断延伸扩展。2018年，天津市支付系统共处理人民币业务10.0亿笔、132.5万亿元，同比分别增长4.8% 和7.8%。深入推进天津市移动支付便民示范工程，完成天津地铁、市内及滨海公交受理终端移动支付改造工作；全面推进示范商圈和示范街区建设，建成23个移动支付示范商圈和32个移动支付示范街区；与中国印钞造币总公司中钞信用卡公司联合开展基于联盟区块链、智能合约、电子签名、可信时间戳等技术的创新支付工具，便利中小企业融资。

2. 征信基础设施建设持续加强，征信服务不断深化。2018年末，征信系统共收录天津市23.7 万户企业和其他经济组织、993.4万自然人相关信息，受理个人和企业信用报告查询分别达67.1万笔和9 093笔，在全市28个网点布置了40台征信自助查询机，覆盖了全部区县。应收账款融资服务平台建设进一步推进，全年成交金额263.9亿元，同比增长24.7%，近七成资金流入中小企业。“和谐劳动关系企业信用体系建设”和“民营中小企业信用体系建设”助力企业获取信贷支持合计2 844.3亿元。

3. 金融知识宣传增点扩面，金融消费权益保护进一步加强。2018年组织部署了“3·15金融消费者权益日”“普及金融知识　守住钱袋子”和“绿色金融进校园”等大型集中宣传，全市累计开展活动11.3万次，发放宣传资料150万份，微信推送阅读量约34万次，

受众消费者量400万人。举办了天津市“金融知识普及月　金融知识进万家”暨“提升金融素养　争做金融好网民”集中宣传活动，被人民网、新华网、《金融时报》等大型主流媒体报道。开展了支付服务领域金融消费权益保护情况现场检查以及金融消费权益保护工作现场评估。探索完善金融消费争议多元化解决机制，有序推进天津市金融消费纠纷调解中心建设和金融广告治理工作。

4. 金融服务实体经济能力不断提升。推出金融服务实体经济创新产品138项，设立百亿元智能制造财政专项资金，依托海河产业基金打造千亿级新一代人工智能科技产业基金和项目群、300 亿元生物医药产业母基金群。

此外，天津市在有效化解国企债务问题，防范化解金融风险攻坚战取得积极进展。2018年，天津市有效管控政府债务，“精准拆弹”化解国有企业突出债务问题，开展全市金融风险大排查，推进P2P网贷等互联网金融风险专项整治，严厉打击非法集资活动，守住了不发生区域性、系统性金融风险的底线。

二、经济运行情况

2018年，天津市扎实推进“五位一体”总体布局和“四个全面”战略布局在天津的实施，坚持稳中求进工作总基调，坚持新发展理念，聚焦高质量发展，努力攻坚克难，经济整体保持平稳运行且逐季向好，供给侧结构性改革深入推进，产业结构进一步优化，新动能加快成长，需求结构优化升级，生态环境明显改善，高质量发展的态势正在形成。

（一）经济运行逐季向好，需求结构优化升级

2018年，天津市生产总值18 809.6亿元，增长3.6%，分别比第一季度、上半年和前三季度加快1.7个、0.2个和0.1个百分点。

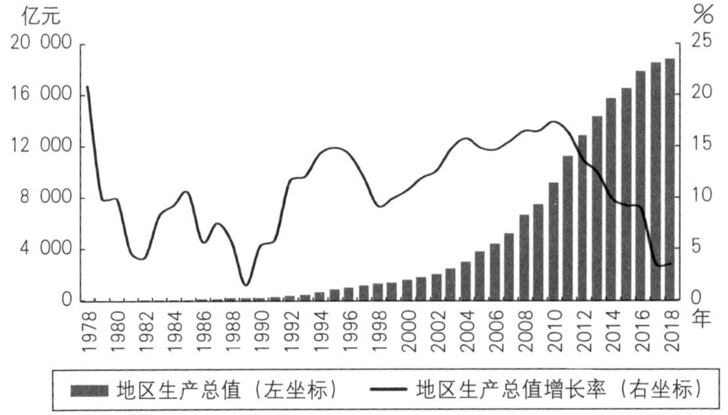

数据来源：天津市统计局。

图6 1978—2018年天津市生产总值及增长率

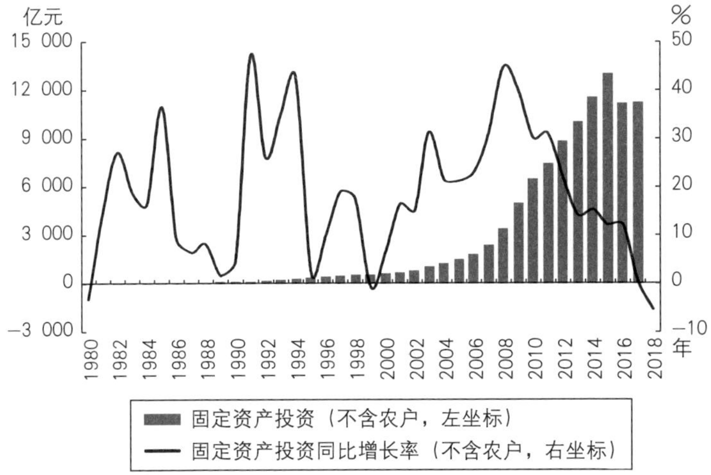

注：2011年以前为全社会固定资产投资数据。

数据来源：天津市统计局、中国经济景气月报。

图7 1980—2018年天津市固定资产投资及增长率

1. 投资降幅逐季收窄，结构进一步调整。2018年，固定资产投资（不含农户）按可比口径计算，比上年下降5.6%，降幅逐季收窄，分别比第一季度、上半年和前三季度收窄20.0个、11.7个和8.6

个百分点。其中，民间投资增长4.4%，快于全市投资10.0个百分点，占全市投资的45.2%。分产业看，三次产业投资增速均下降，第一产业投资下降9.1%；第二产业投资下降6.3%，其中，制造业投资下降22.0%，计算机通信和其他电子设备制造业投资增长11.2%，汽车制造业投资增长7.0%，工业技改投资增长24.7%；第三产业投资下降5.3%，其中，基础设施投资下降20.2%，租赁和商务服务业投资增长63.7%。

2. 消费市场保持平稳,升级步伐加快。2018年，天津市社会消费品零售总额增长1.7%，与上年持平，全市居民人均消费性支出29 903元，增长7.4%，比上年加快0.8个百分点。与居民生活密切相关的消费增长较快，限额以上商品中，服装、儿童玩具类分别增长24.3%和33.4%，家具类增长6.1%，石油及制品类零售额增长10.8%，比上年加快6.8个百分点，拉动全市限额以上零售额增长1.7个百分点。服务消费增长较快，服务性支出增长12.2%，教育文化娱乐服务支出增长18.8%，医疗服务支出增长15.4%。限额以上快餐营业额增长8.8%，餐饮配送服务营业额增长45.8%。

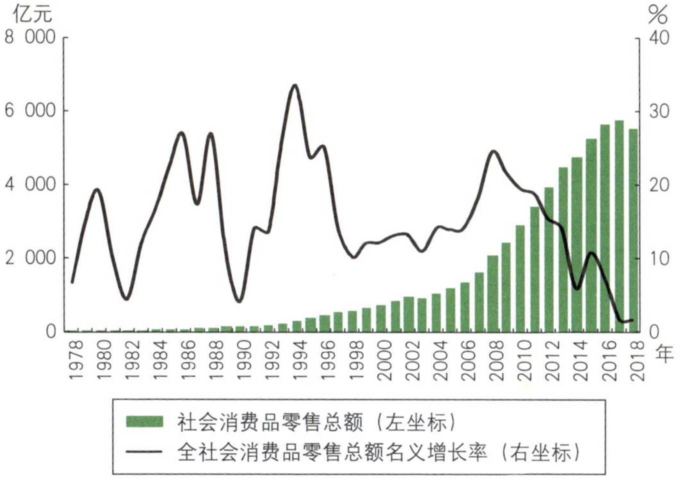

数据来源：天津市统计局。

图8 1978—2018年天津市社会消费品零售总额及增长率

3. 货物出口增速加快，外商投资平稳增长。2018年，天津市货物进出口总额1 225.1亿美元，同比增长8.5%。其中，出口488.0亿美元，同比增长12.0%，四年来首次实现正增长；进口737.2 亿美元，同比增长6.3%。对“一带一路”沿线的俄罗斯、东盟出口分别增长67.7%和26.8%。全市新批外商投资企业1 088家，合同外资额246.5亿美元，实际直接利用外资48.5亿美元，同比增长0.8%。外商投资产业结构不断优化，服务业实际利用外资33.7亿美元，占总量的69.5%。

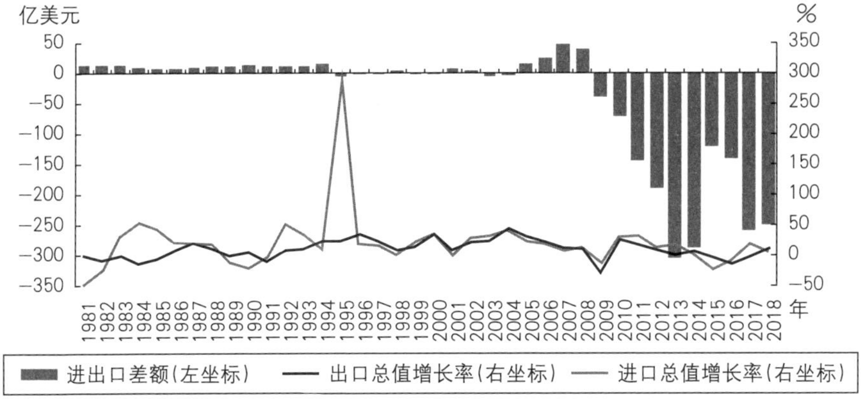

数据来源：天津市海关。

图9 1981—2018年天津市货物进出口变动情况

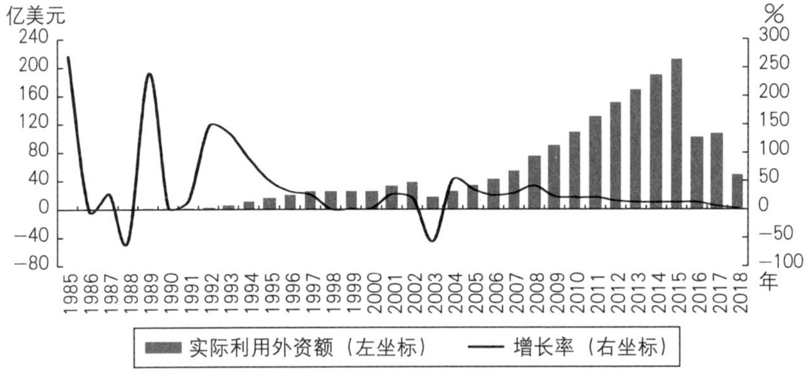

数据来源：天津市统计局。

图10 1985—2018年天津市实际利用外资额及增长率

（二）产业结构进一步优化，服务业贡献不断提高

2018年，天津市三次产业增加值占全市总产出比重依次为0.9%、40.5%和58.6%，其中，第三产业的比重较上年提高0.4个百分点，“三二一”的产业结构进一步巩固。

1. 农业生产基本稳定，现代都市型农业快速发展。全年农业总产值391.0亿元，比上年下降0.2%。启动实施小站稻振兴计划，菜肉蛋奶等主要“菜篮子”产品供给保持稳定。地产农产品抽检合格率稳定在98%以上，位居全国前列。田园综合体、现代农业产业园、共享农庄等新业态加快发展，物联网种养殖应用示范基地达到800个，建设提升10个智能农业示范园区和30个高标准设施示范园区，创建30个畜禽养殖标准化示范场，建成50个优质高效淡水渔业养殖生产基地。市级以上农村龙头企业达到182个，一村一品专业村79个。建成美丽村庄150个。

2. 工业生产保持平稳，质量效益明显改善。2018年，天津市工业增加值6 962.7亿元，增长2.6%，比上年加快0.3个百分点。其中，规模以上工业增加值增长2.4%，比上年加快0.1个百分点。分经济类型看，国有企业增加值增长1.0%，民营企业增长2.5%。产销衔接良

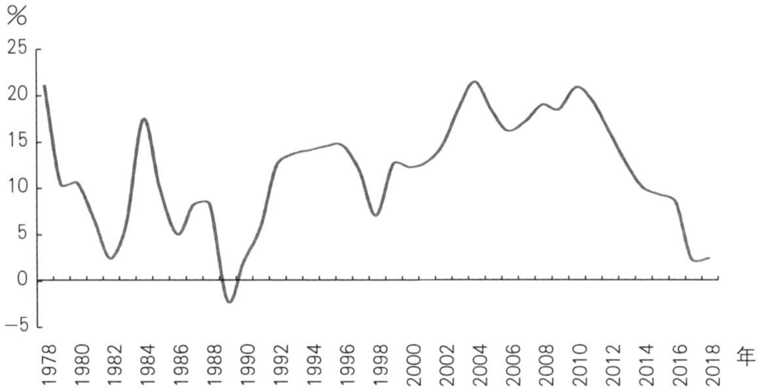

数据来源：天津市统计局。

图11　1978—2018年天津市工业增加值增长率

好，2018年，规模以上工业企业产销率达99.9%。全年规模以上工业企业主营业务收入增长6.5%，比上年加快1.2 个百分点，利润总额增长11.1%，主营业务收入利润率6.8%，比上年提高0.4个百分点。

3. 服务业比重不断提高，新兴服务业增势良好。2018年，天津市服务业增加值11 027.1亿元，同比增长5.9%，快于全市生产总值2.3个百分点，占全市生产总值的比重为58.6%，比上年提高0.4 个百分点，服务业对国民经济增长的贡献率达到87.2%。其中，交通运输、仓储和邮政业增加值816.3亿元，增长3.1%，电信业务总量增长1.4 倍，比上年加快73.4个百分点。“互联网+”促进线上线下融合发展，电商平台天津卖方交易额1 986.9亿元，增长14.6%；快递业务量5.8亿件，增长14.7%。新零售布局加快，无人超市等新零售便利店迅速兴起。金融业增加值1 966.9亿元，增长7.2%，金融业增加值占地区生产总值的10.5%，位居全国主要城市前列。金融业全年纳税额同比增长16.9%，占全市总税收的9.8%，较上年提高1.6个百分点。

（三）科技创新能力不断提高，新动能不断集聚

1. 科技创新能力不断提高。2018年，天津市人工智能、生物医药、新能源新材料等新兴产业进一步壮大，腾讯、华为等大数据中心和新松机器人、中核质子医疗、三峡新能源等项目相继落地。集成电路原片、服务机器人等产量实现倍增，人工智能形成了以“天河一号”超算、曙光计算机等为代表的自主安全可控全产业链，滨海高新区、中新天津生态城获批国家新型工业化产业示范基地。全年新增市级科技型企业7 000家、规模超亿元科技型企业200家，科技领军企业达到55 家，国家高新技术企业超过5 000家，万人发明专利拥有量20.2件，全市综合科技创新水平居全国前列。

2. 新动能加快成长。2018年，规模以上工业中，高技术产业（制造业）增加值增长4.4%，快于全市工业2.0个百分点，拉动全市规模以上工业增加值增长0.6个百分点。战略性新兴产业增加值增长

3.1%，比上年加快1.0个百分点，快于全市工业0.7个百分点。规模以上服务业中，战略性新兴服务业、高技术服务业、科技服务业营业收入分别增长9.2%、11.9%和12.2%，利润率分别达到8.5%、7.3%和7.5%。新能源汽车产量增长4.1倍，服务机器人和工业机器人分别增长94.3%和20.0%，集成电路圆片、锂离子电池、电子元件和电子计算机整机分别增长44.1%、23.7%、22.8% 和12.4%。融资租赁资产总额占到全国四分之一，飞机、国际航运船舶、海工平台等跨境租赁业务总量在全国占比均达到80%以上。

（四）供给侧结构性改革深入推进，市场活力不断增强

1. 供给侧结构性改革取得明显成效。去产能扎实推进，2018年第四季度，全市规模以上工业产能利用率78.5%，比上年同期提高1.4个百分点，万元地区生产总值能耗比2015年累计下降14.9%，完成“十三五”总目标的87.9%，超进度27.9个百分点。去杠杆持续显效，2018年末，规模以上工业企业资产负债率57.9%，比上年末降低1.9个百分点，是2013年以来的最低水平。企业成本逐步降低，2018年，规模以上工业企业百元主营业务收入成本84.0元，比上年降低0.9元，已出台的降成本政策措施全年为企业减轻负担约600亿元。

2. 民营经济活跃度进一步提升。2018年，全市新登记市场主体22.1万户，其中，民营市场主体21.9万户，占全市的比重为98.9%，民营企业数量增长13.3%。主要领域发展势头良好，全市民营经济增加值8 551.8亿元，增长1.5%，占全市经济的45.5%。规模以上民营工业企业工业增加值增长2.5%，工业总产值增长8.3%，分别比上年加快6.6个和6.7个百分点，占全市工业的比重分别为22.8%和31.3%。民间投资增长4.4%，快于全市投资增速10.0个百分点。民营企业出口增长42.0%，快于全市出口33.4个百分点，占全市出口的比重为32.7%。

专栏2

天津市有效发挥政策合力
促进民营经济和小微企业发展

2018年，天津市认真贯彻落实党中央、国务院决策部署，从加强政策指导、推进金融创新、优化配套环境、促进银企对接等方面出台支持措施，引导和督促金融机构大力发挥主体作用，切实提升民营和小微企业金融服务水平。

一、深化窗口指导，加强部门协同。联合制定实施《关于进一步深化民营和小微企业金融服务的实施意见》《关于进一步促进民营经济发展的若干意见》等文件，从货币政策、金融监管、财税奖励、融资担保、产权保护等方面提出长短结合、精准发力、标本兼治的政策措施，着力破解民营和小微企业融资难融资贵问题。

二、开展专项行动，推动产品创新。实施小微企业应收账款融资专项行动，对40多家金融机构和110余家企业开展宣传培训，积极推动核心企业对接，全年实现平台成交295笔、263.9亿元，同比分别增长134.5%和24.3%。同时，大力支持金融机构研发推广税e融、云税贷等新型信贷产品，积极满足小微企业“短、小、频、急”的需求特点，有效缓解民营和小微企业融资难题。

三、完善配套政策，加大扶持力度。印发实施《天津市版权质押贷款实施指导意见》《关于进一步提升金融信贷营商环境的意见》等政策文件，为金融机构发展知识产权质押贷款业务、加大对民营和小微企业的信贷投放提供制度保障。有效运用再贷款、再贴现等货币政策工具，推动小微企业金融服务降本增量，全年累计发放支小再贷款3亿余元、办理再贴现40亿余元，帮助50多家民营和小微企业降低贷款利率80多个基点。积极发挥财政资金撬动作用，设立规模50亿元的天津市融资担保发展基金、100亿元的民营企业发展专项基金，为小微企业融资纾困解难。

四、强化组织领导，狠抓政策落地。组织召开深化小微企业金融服务推动工作会议、深化民营和小微企业金融服务工作部署会以及金融支持民营经济暨稳贷增贷座谈会等专题会议，指导和督促全市金融机构深入贯彻落实中央决策部署、大力做好民营和小微企业金融服务工作。部署开展"金融服务民营和小微企业百日行"活动，组织银企对接项目签约仪式、印发经验交流材料、建立专项监测报告制度，力促深化民营和小微企业金融服务各项政策措施落地落实、见到成效。截至2018年末，天津市普惠口径小微贷款余额为817.8亿元，同比增长31. 4%，高出各项贷款平均增速23.5个百分点，比年初新增195.2 亿元，同比多增97. 6亿元。

（五）价格水平总体稳定，劳动力成本持续上升

1. 居民消费价格温和上涨。2018年，天津市居民消费价格同比增长2.0%，较2017年下降了0.1个百分点，连续三年稳定在2%左右。从构成居民消费价格的八大类商品来看，全部呈小幅上升的走势，其中食品烟酒价格上涨3.1%，是拉升居民消费价格指数的主要因素，鸡蛋、鲜菜、禽肉类价格由降转升且涨幅较高，分别上涨15.0%、 10.1%和4.1%；鲜瓜果、水产品价格延续涨势，分别上涨7.1%和4.5%；畜肉类价格走势不一，羊肉、 牛肉分别上涨12.0%和5.6%，猪肉价格下降6.5%； 在外餐饮、糖果糕点类等价格涨幅超过2%。

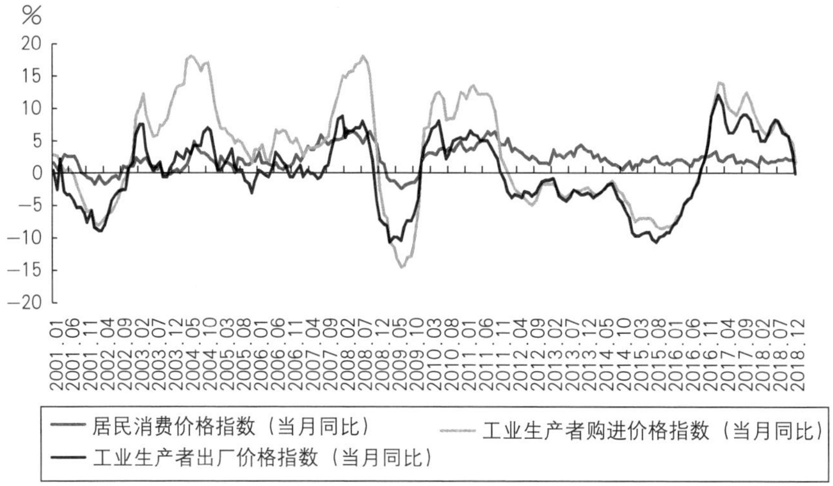

数据来源：天津市统计局。

图12 2001—2018 年天津市居民消费价格和生产者价格变动趋势

2. 工业生产者价格涨幅回落。2018年，天津市工业生产者购进价格同比上升6.2%，较2017年下降4.9 个百分点；工业生产者出厂价格指数同比上升5.4%，较2017年下降3.0 个百分点。从月度数据看，工业生产者出厂价格指数和购进价格指数均呈现逐渐下降的走势，二者分别从年初的6.3%和8.0%下降到年末的-0.3%和1.7%。从工业生产者出厂价格构成结构看，生产资料价格同比上涨7.4%，生活资料价格同比下降1.0%。

3. 工资水平保持较快增长。2018年，天津市从业人员年均工资为80 547元，同比增长7.2%。其中，在岗职工从业人员年均工资为84 107元，同比增长7.8%；劳务派遣人员年均工资为57 486 元，同比增长0.9%；其他从业人员年均工资为61 108元，同比增长9.1%。2018年，天津市全员劳动生产率为29.3万元/人，同比提高1.1个百分点。

（六）财政收支结构持续改善，生态环境保护成效显著

1. 财政收支降幅收窄。受减税降费、房地产等市场主体减收等因素影响，全市预算收入有所下降，2018年，天津市一般公共预算

收入2 106.2 亿元，同比下降8.8%，降幅比上年收窄1.6个百分点。其中，税收收入1 624.8亿元，同比增长0.8%，占一般公共预算收入比重为77.2%，比上年提高7.7个百分点。受一般公共预算收入下降影响，全市一般公共预算支出3 104.5亿元，同比下降5.4%，降幅比上年收窄5.9个百分点。其中，公共安全支出236.4亿元，同比增长14.0%；社会保障和就业支出504.1亿元，同比增长9.7%。

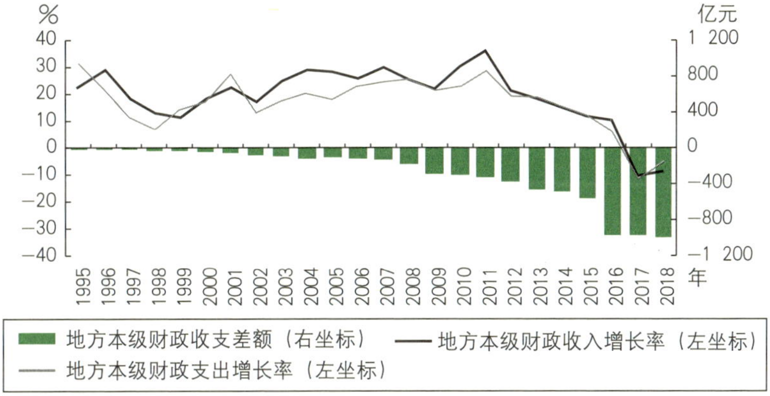

数据来源：天津市统计局。

图13　1995—2018年天津市财政收支状况

2. 生态环境保护全面加强。完成全国首批生态保护红线划定，实现了一条红线管控重要生态空间。升级保护875平方公里湿地，规划建设736 平方公里的绿色生态屏障，地面沉降管控进一步加强。持续整治“散乱污”企业，低氮改造燃气锅炉，完成煤改电、煤改气和集中供热补建23.8万户，生态修复河道20条163公里，新增造林绿化38万亩，新建提升绿地1 500万平方米，新增垃圾日处理能力1 500吨，机动车全部改用乙醇汽油，河湖水域“全面挂长”，集中式饮用水源地保护区划定实现全覆盖。全市PM2.5年均浓度52微克/立方米，同比下降16. 1%，重污染天数同比减少13天，创2013年监测以来最好水平。Ⅲ类以上地表水比例超过40%，同比提高5个百分点，劣Ⅴ类地表水比例下降15个百分点。市民群众“绿色幸福感”明显增强。

（七）房地产开发投资回升，行业总体保持平稳健康发展

2018年，天津市在坚持“房住不炒”的调控基调下，稳步推进长效机制建设，积极巩固政策实施效果，大力保障民生需求，房地产市场总体保持平稳健康发展势头。

1. 房地产投资增速加快，施工和竣工面积增加。2018年，天津市房地产开发实现投资2 424.5 亿元，同比增长8. 6%，较上年提高11.5个百分点。其中，住宅开发实现投资1 863.5亿元，同比增长19.5%，较上年提高21.9个百分点。2018年，天津市房地产施工面积10 324.4万平方米，同比增长17.4%，较上年提高23.3个百分点；竣工面积2 092.2万平方米，同比增长3.4%，较上年提高34.0个百分点。其中，商品住宅累计施、竣工面积分别为7 151.2万平方米和1 522.3万平方米，同比分别增长21. 0%和6. 2%，较上年分别提高了27. 3个和40.7个百分点。

2. 新房成交持续下降，二手房交易有所回升。2018年，天津市新建商品房销售面积和金额分别为1 249.9万平方米和2 006.6亿元，同比分别下降15.7%和11.7%，其中，住宅销售面积和金额分别为1 140.7万平方米和1 816.5亿元，同比分别下降15.1%和10.6%。二手

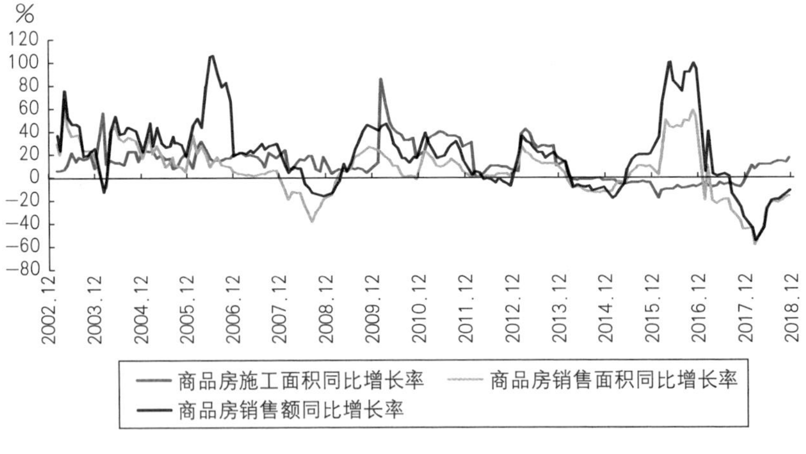

数据来源：天津市统计局。

图14 2002—2018年天津市商品房施工和销售变动趋势

房交易面积和金额分别为1 185.5万平方米和1 494.8亿元，同比分别增长17.3%和17.1%。

3. 房价总体保持稳定，涨跌幅变化不大。2018年，天津市房屋销售价格总体保持稳定运行，新建住宅销售价格同比、环比略有波动，价格水平与上年相比变化不大。

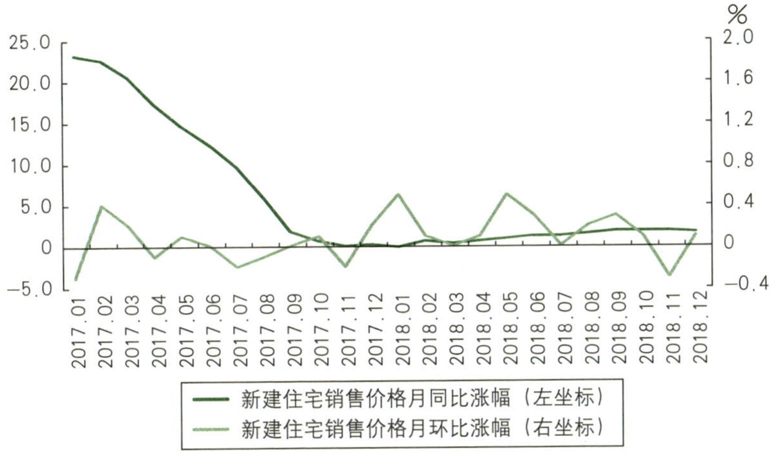

数据来源：天津市统计局。

图15　2017—2018年天津市新建住宅销售价格变动趋势

4. 房贷总量保持增长，个贷占比有所降低。2018年，天津市房地产贷款余额8 251.0亿元，同比增长14.7%，较上年回落5.7个百分点，全年新增1 056.0亿元，较上年少增162.4亿元。其中，个人住房贷款余额5 709. 8亿元，在房地产贷款余额中的占比为69.2%，较上年下降1.0个百分点，全年新增662.5亿元，在房地产贷款新增额中的占比为62.7%，较上年下降30.7个百分点。

三、预测与展望

当前，天津市经济金融仍存在全社会创新创业氛围不浓厚、营商环境仍待改善、国有资产运营效率低下、民营经济发展不充分等问题。2019年是天津市战略性调整至关重要的一年，全市将以习近平新时代中国特色社会主义思想为指导，全面贯彻党的十九大和十九届二中、三中全会精神，认真学习贯彻习近平总书记视察天津重要指示和在京津冀协同发展座谈会上重要讲话精神，进一步抢抓京津冀协同发展重大机遇，依托自贸试验区、自主创新示范区、国家级开发区等改革开放平台，有效发挥区位优势、历史优势，加快经济结构优化升级，保持经济持续健康发展和社会大局稳定，推动创新发展、开放包容、生态宜居、民主法治、文明幸福的现代化天津建设取得突破性进展。2019年全市经济社会发展的主要预期目标是：地区生产总值增长4.5%左右，固定资产投资增长8%以上，社会消费品零售总额增长5%，实际利用外资增长3%，实际利用内资增长6%，新增就业48万人，城镇登记失业率控制在3.8%以内，居民人均可支配收入增速高于地区生产总值增速，居民消费价格涨幅控制在3%左右。

全市金融业将认真执行稳健的货币政策，努力提升金融服务实体经济的能力和水平，大力支持经济转型升级和结构调整，不断深化民营和小微企业金融服务，深度融入京津冀协同发展重大战略实施，有效防控和妥善处置金融风险，积极推进科技金融、物流金融、航运金融、租赁金融、 绿色金融等发展创新，进一步完善金融基础设施建设和金融管理能力建设，助力全市经济高质量发展。

（总　纂：周振海　王会奇
统　稿：张永春　贾　科
执　笔：郝慧刚　孙坤鑫
提供材料的还有：王贵鹏　徐　力　魏昆利　周中明　刘　冬
张成祥　刘珈彤　钟　辉　梁景宗　苗润雨
李　萌　李稳立　李晓迟　杨彩丽　曾　薇
苏　颖　刘红玉　李西江　朱芮菁　刘亚楼
郭　潇　李　师　宋俊平　于海欢）

附录：

（一）天津市经济金融大事记

1月3~4日，中国共产党天津市第十一届委员会第三次全体会议暨全市经济工作会议召开。

1月10日，天津市首届“绿色金融进校园”系列活动在天津工业大学启动。

4月28日，天津市金融服务和管理工作会议召开，贯彻落实党和国家关于金融工作重要要求，部署金融工作三大任务，深入推进金融高质量发展。

4月，天津自贸试验区正式挂牌三周年，《中国人民银行关于金融支持中国（天津）自由贸易试验区建设的指导意见》中准予实施政策全部落地，24项措施成效显著，11项措施在全国范围内得到复制推广，自贸试验区跨境收支总量占全市跨境收支总量的1/4，为推动形成全面开放新格局、促进天津市经济高质量发展发挥了积极作用。

9月18日，以“在第四次工业革命中打造创新型社会”为主题的2018年夏季达沃斯论坛在天津市举行。

11月12日，人民银行天津分行组织召开深化民营和小微企业金融服务工作部署会，发布了《关于进一步深化民营和小微企业金融服务的实施意见》，决定自11月16日起，组织开展“金融服务民营和小微企业百日行”活动。

11月21日，天津市召开金融支持民营经济暨稳贷增贷座谈会。

11月24日，第十届中日韩中央银行行长会议在天津市举行。中国人民银行行长易纲主持会议，日本银行行长黑田东彦和韩国银行行长李柱烈出席会议。

12月29~30日，中共天津市委十一届五次全会暨经济工作会议召开。

12月30日，天津市委、市政府出台《关于进一步促进民营经济发展的若干意见》，在财税、社保、金融、交通、土地等方面推出19条措施。

（二）天津市主要经济金融指标

表1

2018年天津市主要存贷款指标

		1月	2月	3月	4月	5月	6月	7月	8月	9月	10月	11月	12月
本外币	金融机构各项存款余额（亿元）	31 133.0	30 732.6	30 557.6	30 297.2	30 402.2	30 297.3	30 097.3	30 419.3	30 289.9	30 300.9	30 522.7	30 983.2
	其中：住户存款	9 769.1	10 034.8	10 113.5	9 949.1	10 077.3	10 267.9	10 252.1	10 355.2	10 538.4	10 530.2	10 694.0	10 948.9
	非金融企业存款	14 048.6	13 459.3	13 548.3	13 316.2	13 110.4	13 131.7	12 803.5	13 125.0	13 178.3	13 266.7	13 330.4	13 935.8
	各项存款余额比上月增加（亿元）	192.2	−400.4	−175.0	−260.5	105.1	−104.9	−200.1	322.0	−129.4	11.0	221.8	460.5
	金融机构各项存款同比增长（%）	2.6	0.4	−0.8	−2.7	−2.8	−3.5	−5.0	−4.4	−4.6	−3.9	−2.0	0.1
	金融机构各项贷款余额（亿元）	32 040.2	32 178.7	32 404.9	32 675.9	32 842.2	33 038.3	33 119.8	33 175.0	33 404.0	33 638.8	33 946.3	34 084.9
	其中：短期	7 870.0	7 836.3	7 865.4	7 882.1	7 846.5	7 889.3	7 676.2	7 637.9	7 604.3	7 704.7	7 781.7	7 864.3
	中长期	18 595.4	18 753.3	18 896.7	19 010.1	19 053.2	19 067.9	19 182.7	19 116.0	19 350.0	19 549.3	19 684.9	19 824.6
	票据融资	722.6	700.3	651.4	684.6	747.6	846.9	979.3	1 051.0	1 103.7	1 007.9	1 029.2	1 123.1
	各项贷款余额比上月增加（亿元）	394.4	138.5	226.2	271.1	166.2	196.1	81.5	55.2	229.0	234.7	307.5	138.6
	其中：短期	15.2	−33.7	29.1	16.7	−35.6	42.8	−213.1	−38.3	−33.7	100.5	77.0	82.6
	中长期	289.9	158.0	143.4	113.4	43.1	14.7	114.8	−66.8	234.0	199.3	135.5	139.7
	票据融资	35.3	−22.2	−48.9	33.2	63.0	99.3	132.4	71.7	52.7	−95.8	21.3	93.9
	金融机构各项贷款同比增长（%）	9.6	9.1	8.4	7.9	7.7	7.1	7.3	6.5	6.7	7.1	7.3	7.9
	其中：短期	4.7	3.9	2.7	1.8	1.4	1.0	−0.7	−1.1	−0.5	1.4	1.4	0.3
	中长期	12.8	12.0	10.9	9.7	8.7	7.2	7.5	5.6	5.7	6.2	6.6	8.3
	票据融资	−30.0	−26.4	−24.9	−14.7	−5.2	17.6	45.5	54.3	65.9	54.2	51.8	63.4
	建筑业贷款余额（亿元）	1 152.4	1 180.0	1 165.1	1 182.8	1 209.8	1 221.7	1 173.3	1 138.1	1 162.0	1 143.9	1 116.9	990.6
	房地产业贷款余额（亿元）	1 785.7	1 801.8	1 826.5	1 841.9	1 868.8	1 940.8	1 950.2	1 974.2	2 086.9	2 130.0	2 131.6	2 084.1
	建筑业贷款同比增长（%）	9.2	9.6	6.2	9.1	9.3	5.5	1.1	−3.3	−0.3	−6.0	−5.2	−13.0
	房地产业贷款同比增长（%）	3.2	4.7	4.5	4.2	5.2	6.4	5.4	5.7	11.8	15.3	14.6	13.2

续表

		1月	2月	3月	4月	5月	6月	7月	8月	9月	10月	11月	12月
人民币	金融机构各项存款余额（亿元）	29 978.8	29 579.4	29 366.2	29094.0	29220.4	29092.0	28 937.8	29 284.0	29 174.3	29 218.7	29 453.5	29 910.5
	其中：住户存款	9 575.3	9 837.9	9 917.0	9 752.2	9 879.5	10 064.1	10 044.8	10 148.4	10 333.4	10 324.9	10 490.2	10 746.2
	非金融企业存款	13 377.2	12 778.7	12 836.9	12 632.7	12 472.4	12 389.8	12 112.9	12 434.5	12 487.3	12 587.1	12 650.8	13 269.2
	各项存款余额比上月增加（亿元）	232.7	−399.4	−213.2	−272.3	126.4	−128.4	−154.2	346.2	−109.7	44.4	234.8	457.0
	其中：住户存款	13.9	262.6	79.1	−164.8	127.3	184.6	−19.3	103.7	184.9	−8.5	165.4	255.9
	非金融企业存款	−395.6	−598.5	58.2	−204.2	−160.4	−82.6	−276.8	321.6	52.8	99.8	63.7	618.4
	各项存款同比增长（%）	2.3	0.2	−0.8	−2.9	−2.8	−3.4	−4.8	−4.4	−4.4	−3.6	−1.8	0.6
	其中：住户存款	1.5	4.4	4.3	4.5	5.5	5.7	7.8	8.6	8.9	10.4	11.9	12.4
	非金融企业存款	−0.7	−4.6	−6.0	−10.3	−11.1	−12.5	−13.0	−11.5	−9.8	−8.0	−8.0	−3.9
	金融机构各项贷款余额（亿元）	30 553.5	30 661.3	30 914.6	31 166.0	31 322.8	31 453.9	31 519.1	31 604.8	31 826.0	32 032.9	32 343.5	32 539.4
	其中：个人消费贷款	5 811.0	5 862.3	5 907.3	5 950.5	6 003.1	6 072.7	6 159.0	6 248.9	6 365.7	6 685.6	6 896.9	7 071.0
	票据融资	722.6	700.3	651.4	684.6	747.6	846.9	979.3	1051.0	1103.7	1007.9	1029.2	1123.1
	各项贷款余额比上月增加（亿元）	440.8	107.9	253.2	251.5	156.7	131.1	65.3	85.7	221.2	206.9	310.5	196.0
	其中：个人消费贷款	92.1	51.3	45.0	43.2	52.6	69.7	86.3	89.9	116.9	319.8	211.3	174.2
	票据融资	35.3	−22.2	−48.9	33.3	63.0	99.3	132.4	71.7	52.7	−95.8	21.3	93.9
	金融机构各项贷款同比增长（%）	9.7	9.1	8.7	8.2	8.1	7.3	7.3	6.5	6.8	7.1	7.3	8.1
	其中：个人消费贷款	30.5	28.4	25.7	23.2	21.0	18.8	17.5	16.5	16.0	20.1	22.1	23.7
	票据融资	−30.0	−26.4	−24.9	−14.7	−5.2	17.6	45.5	54.3	65.9	54.2	51.8	63.4
外币	金融机构外币存款余额（亿美元）	182.2	182.2	189.5	189.8	184.2	182.2	170.1	166.4	162.2	155.4	154.2	156.3
	金融机构外币存款同比增长（%）	19.6	13.0	10.9	11.8	4.7	−3.5	−9.2	−7.9	−12.6	−14.2	−12.7	−14.5
	金融机构外币贷款余额（亿美元）	234.7	239.7	237.0	238.2	236.9	239.5	234.8	230.1	229.4	230.6	231.1	225.2
	金融机构外币贷款同比增长（%）	18.2	19.7	12.4	12.3	8.2	6.5	6.0	3.2	1.7	1.3	3.2	−1.9

数据来源：《天津市金融统计月报》。

表2　　2001—2018年天津市各类价格指数

单位：%

年份		居民消费价格指数		农业生产资料价格指数		工业生产者购进价格指数		工业生产者出厂价格指数	
		当月同比	累计同比	当月同比	累计同比	当月同比	累计同比	当月同比	累计同比
2001		—	1.2	—	—	—	-1.2	—	-4.1
2002		—	-0.4	—	—	—	-4.1	—	-4.1
2003		—	1.0	—	—	—	2.5	—	8.7
2004		—	2.3	—	—	—	15.4	—	4.1
2005		—	1.5	—	—	—	4.9	—	0.1
2006		—	1.5	—	—	—	4.7	—	0.6
2007		—	4.2	—	—	—	5.7	—	1.5
2008		—	5.4	—	—	—	12.9	—	4.1
2009		—	-1.0	—	—	—	-9.8	—	-7.5
2010		—	3.5	—	—	—	10.0	—	5.1
2011		—	4.9	—	—	—	9.8	—	3.8
2012		—	2.7	—	—	—	-3.0	—	-3.0
2013		—	3.1	—	—	—	-2.6	—	-3.0
2014		—	1.9	—	—	—	-2.9	—	-3.7
2015		—	1.7	—	—	—	-7.6	—	-9.7
2016		—	2.1	—	—	—	-1.7	—	-2.1
2017		—	2.1	—	—	—	11.1	—	8.4
2018		—	2.0	—	—	—	6.2	—	5.4
2017	1	3.4	3.4	—	—	11.9	11.9	10.7	10.7
	2	2.0	2.7	—	—	13.9	12.9	11.9	11.3
	3	1.8	2.4	—	—	13.7	13.1	10.4	11.0
	4	2.4	2.4	—	—	11.3	12.7	7.7	10.2
	5	2.7	2.5	—	—	9.9	12.1	6.2	9.3
	6	2.8	2.5	—	—	9.4	11.6	6.1	8.8
	7	1.6	2.4	—	—	9.0	11.3	6.8	8.5
	8	1.8	2.3	—	—	10.4	11.2	8.4	8.5
	9	1.5	2.2	—	—	11.7	11.2	9.0	8.6
	10	2.0	2.2	—	—	12.4	11.3	8.8	8.6
	11	1.8	2.2	—	—	10.9	11.3	8.2	8.5
	12	1.6	2.1	—	—	9.3	11.1	6.5	8.4

续表

年份		居民消费价格指数		农业生产资料价格指数		工业生产者购进价格指数		工业生产者出厂价格指数	
		当月同比	累计同比	当月同比	累计同比	当月同比	累计同比	当月同比	累计同比
2018	1	1.2	1.2	—	—	8.0	8.0	6.3	6.3
	2	2.5	1.9	—	—	6.9	7.5	4.8	5.5
	3	1.8	1.9	—	—	6.1	7.0	4.8	5.3
	4	1.5	1.8	—	—	6.0	6.8	5.9	5.4
	5	1.9	1.8	—	—	6.5	6.7	7.1	5.8
	6	1.9	1.8	—	—	7.8	6.9	8.1	6.2
	7	2.0	1.8	—	—	7.9	7.0	7.9	6.4
	8	2.2	1.9	—	—	7.0	7.0	6.1	6.4
	9	2.3	1.9	—	—	6.2	6.9	5.8	6.3
	10	2.2	2.0	—	—	5.7	6.8	5.6	6.2
	11	2.0	2.0	—	—	4.7	6.6	3.2	5.9
	12	1.8	2.0	—	—	1.7	6.2	-0.3	5.4

数据来源：《天津统计月报》。

表3

2018年天津市主要经济指标

	1月	2月	3月	4月	5月	6月	7月	8月	9月	10月	11月	12月
绝对值（自年初累计）												
地区生产总值（亿元）	—	—	4 959.4	—	—	9 927.6	—	—	14 658.4	—	—	18 809.6
第一产业	—	—	23.4	—	—	61.6	—	—	108.5	—	—	172.7
第二产业	—	—	2 182.2	—	—	4 375.6	—	—	5 855.1	—	—	7 609.8
第三产业	—	—	2 753.8	—	—	5 490.5	—	—	8 694.7	—	—	11 027.1
工业增加值（亿元）	—	—	2 061.0	—	—	4 064.6	—	—	5 363.2	—	—	6 962.7
固定资产投资（亿元）	—	—	—	—	—	—	—	—	—	—	—	-
房地产开发投资	—	173.1	460.7	694.8	980.8	1 301.4	1 489.2	1651.6	1 893.4	2 087.5	2 231.2	2 424.5
社会消费品零售总额（亿元）	—	—	—	—	—	—	—	—	—	—	—	5 533.0
外贸进出口总额（亿元）	665.0	1 146.6	1 765.7	2 387.3	3 196.5	3 837.4	4 504.5	5 198.4	5 945.1	6 638.5	7 362.5	8 078.8
进口	391.9	656.7	1 044.1	1 391.9	1 825.5	2 210.2	2 620.8	3 038.6	3 518.6	3 963.1	4 422.3	4 870.3
出口	273.2	489.9	721.6	995.4	1 371.0	1 627.2	1 883.7	2 159.8	2 426.5	2 675.4	2 940.2	3 208.5
进出口差额（出口-进口）	-118.7	-166.9	-322.5	-396.6	-454.5	-583.0	-737.1	-878.8	-1 092.1	-1 287.6	-1 482.1	-1 661.8
实际利用外资（亿美元）	8.5	10.6	14.6	22.0	22.7	25.2	28.5	35.1	37.9	40.5	44.4	48.5
地方财政收支差额（亿元）	—	—	-198.4	—	—	-365.5	—	—	-561.7	—	—	-998.3
地方财政收入	269.7	406.0	579.0	785.5	991.4	1 155.1	1 375.8	1 499.7	1 643.2	1 847.1	1 996.3	2 106.2
地方财政支出	—	—	777.4	—	—	1 520.6	—	—	2 204.8	—	—	3 104.5
城镇登记失业率（%）（季度）	—	—	3.5	—	—	3.5	—	—	3.5	—	—	3.5

续表

	1月	2月	3月	4月	5月	6月	7月	8月	9月	10月	11月	12月
同比累计增长率（%）												
地区生产总值	—	—	1.9	—	—	3.4	—	—	3.5	—	—	3.6
第一产业	—	—	-1.9	—	—	-8.6	—	—	-7.6	—	—	0.1
第二产业	—	—	-1.0	—	—	1.5	—	—	1.8	—	—	1.0
第三产业	—	—	4.4	—	—	5.3	—	—	5.1	—	—	5.9
工业增加值	—	3.1	0.1	2.0	3.7	3.2	3.5	3.7	3.3	3.2	2.6	2.4
固定资产投资	—	-50.0	-25.6	-21.6	-13.2	-17.3	-16.4	-15.6	-14.2	-9.4	-6.6	-5.6
房地产开发投资	—	-6.9	9.2	17.1	19.2	9.1	4.5	4.5	-0.3	3.7	5.2	8.6
社会消费品零售总额	—	5.6	5.8	5.6	5.3	4.3	4.0	4.0	3.7	3.1	2.5	1.7
外贸进出口总额	9.2	3.2	3.1	3.0	8.7	7.3	6.2	4.8	5.1	6.8	7.3	5.7
进口	8.5	-1.9	2.6	1.9	4.7	3.4	2.3	0.5	1.3	4.3	5.6	3.8
出口	10.2	10.9	3.8	4.5	14.6	13.2	12.0	11.5	11.2	10.7	10.0	8.7
实际利用外资	—	—	—	—	—	—	—	—	—	—	—	—
地方财政收入	-7.3	-12.1	-17.2	-16.5	-15.5	-20.9	-18.3	-18.9	-20.5	-17.7	-14.6	-8.8
地方财政支出	—	—	-12.8	—	—	-22.8	—	—	-17.3	—	—	-5.4

数据来源：《天津统计月报》《中国经济景气月报》。